Doris Iding

Mein innerer Kritiker kann mich mal

Frieden schließen mit den kritischen Stimmen in mir

mvgverlag

Bibliografische Information der Deutschen Nationalbibliothek
Die Deutsche Nationalbibliothek verzeichnet diese Publikation in der Deutschen Nationalbibliografie. Detaillierte bibliografische Daten sind im Internet über http://dnb.d-nb.de abrufbar.

Für Fragen und Anregungen
info@mvg-verlag.de

1. Auflage 2022

Türkenstraße 89
D-80799 München
Tel.: 089 651285-0
Fax: 089 652096

Die gewählte männliche Form bezieht sich immer zugleich auf weibliche, männliche und diverse Personen. Auf konsequente Mehrfachbezeichnung wurde aufgrund besserer Lesbarkeit verzichtet.

Redaktion: Desirée Šimeg und Petra Holzmann
Umschlaggestaltung: Isabella Dorsch
Umschlagabbildung: Shutterstock.com/Viktoriya Pa, GoodStudio
Layout und Satz: Christiane Schuster | www.kapazunder.de
Druck: CPI books GmbH, Leck
Printed in the EU

ISBN Print 978-3-7474-0421-8
ISBN E-Book (PDF) 978-3-96121-812-7
ISBN E-Book (EPUB, Mobi) 978-3-96121-811-0

INHALT

DAS INNENLEBEN IST GANZ SCHÖN BUNT

Was für ein Geschenk, dieses Leben.
Du kannst dich jeden Tag neu entscheiden,
es in eine positive Richtung zu lenken.

Gehörst du zu den Menschen, die kleine Erfolge übersehen und große Leistungen kleinreden? Oder zählst du zu der Spezies, die auf dem Sofa klebt und von der weiten Welt träumt, sich nicht hinauswagt, weil sie Angst davor hat, dort kläglich zu versagen? Machst du dich selbst fertig, wenn ein Dinner mal nicht perfekt geworden ist, obwohl die Gäste selbst Wochen später noch beteuern, wie köstlich es geschmeckt hat? Klagst du dich selbst an, wenn deine Waage 50 Gramm mehr anzeigt, als du dir zugestehst? – Du nickst? Dann hast du dich richtig dafür entschieden, dieses Buch zu lesen! Denn es ist höchste Zeit, deine Selbstsabotage zu beenden.

Mit diesem Verhalten bist du übrigens nicht allein. Viele meiner Kursteilnehmer sind es ebenfalls leid, sich selbst eher als Feind denn als Freund zu betrachten. Auch für mich war das viele Jahre fast normal. Die Tendenz, sich selbst Steine in den Weg zu legen, ist leider weitverbreitet. In diesem Buch werden wir erkunden, woran das liegt und wie wir das beenden können. Damit wir uns selbst unterstützen, statt zu boykottieren. Damit wir liebevoll Ja zu uns sagen, anstatt ständig Fehler an uns zu finden und nie zu genügen. Damit wir uns fürsorglich um uns kümmern, anstatt ständig alles für andere zu tun in dem Wunsch, ihre Anerkennung zu gewinnen. Wir selbst können uns anerkennen. Und lieben! Unser Leben kann schön sein, wenn … Ja, wenn wir wissen, wer darin eigentlich alles mitspielt. So etwas erfährt man meistens erst am Ende des Films, wenn die Liste aller Darsteller über die Leinwand fließt. Das wäre in unserem Fall ein bisschen zu spät. Denn wir wollen jetzt darüber bestimmen, wer in unserem Leben die Hauptrolle spielt und wer die Nebenrollen übernimmt. Wir selbst wollen das entscheiden. Schließlich sind wir der Regisseur unseres eigenen Films!

Solange wir uns jedoch nicht bewusst sind, wer alles auf unserer Besetzungsliste steht, erscheinen manche Protagonisten immer im falschen Moment auf der Bildfläche und stören den schönen Film. Sie treten auf als innere Kritiker, Antreiber, Tyrannen, als Blender, Herr Übervorsichtig, Frau Ängstlich. Sie platzen einfach herein und sprengen romantische Momente oder stören in wichtigen Besprechungen. Und das Schlimmste ist, dass wir erst viel später merken, dass sie uns mal wieder ausgetrickst haben.

Deshalb machen wir uns im ersten Teil des Buches erst mal auf die Suche nach diesen … Saboteuren.

Es sind innere Saboteure, die uns in vielerlei Gestalt das Leben zur Hölle machen. Sie reden uns ein, dass wir zu dick, zu hässlich, zu dumm, zu erfolglos und noch vieles mehr, was keiner sein will, wären. Das betreiben sie mit einer Penetranz, dass man irgendwann resigniert und aufgibt. Häufig denken wir: »Die Stimmen werden wohl recht haben.« Oder wir glauben: »Ich bin eben so.«

Bitte denke das nicht! Und bitte höre auf, dir das wie ein inneres Mantra vorzusagen. Du bist nicht so. Du bist wunderbar! Du bist einzigartig. Du bist eine Ansammlung vieler verschiedener Teilpersönlichkeiten. Und darüber hinaus hast du auch einen inneren Zeugen, der unverletzlich ist. Ihn treffen auch die harschen Urteile unserer Kritiker nicht. Dein Glück im Leben hängt davon ab, ob es dir gelingt, ihn bewusster wahrzunehmen, den fördernden Teilpersönlichkeiten die Hauptrollen zu übertragen und die weniger förderlichen liebevoll aus dem Rampenlicht zu bitten. Okay, manchmal musst du sie anfangs vielleicht sogar ein bisschen schubsen. Und manchmal muss man ihnen deutlich machen: »Du kannst mich mal!«

Du kannst deinen inneren Kritikern nicht für immer kündigen. Es wäre vielleicht auch langweilig, wenn alles immer nur rosarot wäre. Du kannst dafür sorgen, dass sie dich nicht mehr so sehr quälen. Was sie im Übrigen gar nicht so empfinden. Würdest du sie fragen, warum sie dich in so schreckliche Situationen bringen, würden sie dir antworten, dass sie es doch nur gut mit dir meinen.

Du merkst schon: Das Leben mit den inneren Saboteuren ist ganz schön abwechslungsreich und bunt. Wenn wir uns einlassen auf diese neue, positive Sichtweise auf unsere inneren Mitbewohner, dann gibt es viel zu entdecken in diesem Buch – und auch in dir. Von Herzen wünsche ich dir dabei hilfreiche Inspirationen.

An dieser Stelle möchte ich mich bei dir vorstellen: Ich bin Achtsamkeits- und Meditationslehrerin, gebe MBSR-Kurse (**M**indfulness **B**ased **S**tress **R**eduction) und schreibe Bücher und Artikel über Meditation, Achtsamkeit und Selbstmitgefühl. Bereits vor vielen Jahren hat mir persönlich die Achtsamkeit besonders dabei geholfen, meine eigenen inneren Saboteure zu entlarven. Ich weiß also, wie sie sich anhören, diese inneren Stimmen, die mitunter sehr selbstkritisch und manchmal sogar recht bösartig sein können. Im Außen hat oft keiner mitbekommen, wie diese Stimmen mir zum Beispiel nach einer Lesung, auf der ich ein neues Buch vorgestellt habe, durch innere Selbstgespräche das Leben zur Hölle gemacht haben. Dabei lagen sie mir mit folgenden Sätzen in den Ohren:

Warum hast du nicht dieses und jenes erwähnt?
Wieso habe ich nur so einen Blödsinn erzählt?

Wie konntest du nur das blaue Kleid anziehen, das grüne hätte doch viel besser gepasst?

Wie konnte ich mich dazu hinreißen lassen, dieses oder jenes zu tun?

Aufgetreten sind meine Saboteure besonders gerne auf meiner Bildfläche, wenn ich gestresst war oder irgendetwas in meinem Leben aus dem Ruder gelaufen ist. Manchmal waren es kleine alltägliche Fehler, manchmal große Lebenspläne, die sich nicht erfüllten, die dazu führten, dass sie sich gemeldet und mich bewertet haben. Anstatt mich zu trösten oder zu unterstützen, haben sie mich ausgebremst oder in die Überforderung getrieben. Auch wenn die Situation im Außen gar nicht so schlimm war, so haben diese inneren Stimmen mich dazu getrieben, dass ich mich erschöpft, gelähmt, müde oder unzulänglich fühlte.

Die Achtsamkeit half mir, sie zu erkennen: kleine und große Saboteure, die mal kleinen und mal großen Schaden in meinem Leben anrichteten. Das Selbstmitgefühl, ein wichtiger Aspekt in der Achtsamkeitspraxis, half mir, sie von Feinden in Freunde zu wandeln – und zu erkennen, dass ich genau so, wie ich bin, richtig bin. Die Achtsamkeit half mir auch dabei, neue innere Persönlichkeitsanteile zu installieren, meinem inneren Zeugen mehr zu vertrauen und mich von ihm führen zu lassen.

Und genau darum geht es in diesem Buch. Die Achtsamkeit und das Selbstmitgefühl können auch dir dabei helfen, deine eigenen Saboteure kennenzulernen und auf eine ganze neue Weise mit ihnen umzugehen. Die Übungen und Meditationen werden dich darin unterstützen, neue innere und äußere Freunde in dein Leben einzuladen und dich mehr von deinem inneren Zeugen leiten zu lassen. Dieser Wandel führt zu einem positiven Selbstwertgefühl und zu einer Selbstwirksamkeit, und er gibt dir die Macht, die Rollen in deinem eigenen Film neu zu verteilen. Einem Farbfilm mit Happy End, in dem du selbst die Hauptrolle spielst.

Ich lade dich ein, dein Drehbuch neu zu schreiben.

Deine Doris Iding

TEIL 1: SICH SELBST NEU KENNENLERNEN

Betrachte dich mit den gleichen Augen,
mit denen du die Menschen betrachtest, die du liebst. Dann
wirst du erkennen, wie wunderbar du bist.

Hast du manchmal den Eindruck, dass du dich selbst an deinem Glück hinderst oder du selbst hart mit dir ins Gericht gehst? Manchmal ist es so, als wenn wir einen Saboteur – oder mehrere von ihnen – bei uns beherbergen, die uns das Leben schwer machen. Du erkennst sie daran, dass sie besonders dann auftreten, wenn du gestresst bist oder etwas schiefläuft. Dann befeuern sie dich. Leider nicht mit Zuspruch, sondern mit Anklagen und Zweifeln. Lange tragen wir diese inneren Widersacher mit uns herum, ohne sie zu bemerken. Indem wir sie kennenlernen, können wir unseren Umgang mit ihnen verändern und müssen uns selbst nicht mehr schlechtmachen.

Maria begegnete ihrem inneren Kritiker bewusst zum ersten Mal in der Küche. Das »Treffen« der beiden fand statt, als die 35-Jährige im Vorbeigehen eine Tasse vom Regal nehmen wollte. Dabei fiel versehentlich eine andere Tasse zu Boden und zerschellte in tausend Scherben. Es war ihre Lieblingstasse, ein Andenken an eine verstorbene Freundin. Als wäre dieser Verlust nicht schon schlimm genug, begann eine innere Stimme sie aufs Übelste zu beschimpfen: »Mein Gott! Du bist einfach zu blöd, um achtsam zu sein!« Dann setzte dieser innere Kritiker noch eins drauf: »Jetzt bist du schon ein paar Wochen in dem Achtsamkeitskurs, und trotzdem hat sich nichts verändert. Lass es einfach. Aus dir wird nichts mehr. Forget it!«

Maria zuckte zusammen. Im ersten Moment glaubte sie dieser Stimme. Doch dann ging sie auf Abstand zu ihr, indem sie diese Anklage zwar hörte, sie diese jetzt aber ihrem inneren Kritiker zuordnen konnte. Stattdessen nahm sie jetzt voller Selbstmitgefühl den Verlust der Tasse hin und begann zu weinen. Nicht, weil sie so eine dumme Nuss war, wie ihr innerer Kritiker ihr immer noch im Hintergrund ins Ohr rief, sondern weil das letzte Erinnerungsstück an ihre verstorbene Freundin gerade zerbrochen war.

Dass Maria ihren inneren Kritiker mit einer gewissen Distanz wahrnahm, lag an ihrer Achtsamkeit, die sie in meinem MBSR-Kurs kennengelernt hatte. MBSR bedeutet »Stressreduktion durch Achtsamkeit« und wurde von dem Amerikaner Jon Kabat-Zinn entwickelt. Es ist ein achtwöchiger Kurs, in dem wir uns selbst mit Achtsamkeit und Selbstmitgefühl begegnen. Kabat-Zinn definiert Achtsamkeit als eine Technik, bei der wir unsere Aufmerksamkeit wertfrei und offen auf etwas richten. Wir lassen das, was sich zeigt, da sein. Durch dieses Da-sein-Lassen erkennen wir besser, wer oder was sich zeigt. Und so können wir so manchen Darsteller unseres inneren Films besser identifizieren und, wenn nötig, Rollen neu verteilen.

Maria hatte viel geübt, um ihre eigenen Gedanken mit einer gewissen Distanz wahrzunehmen. Dadurch konnte sie sich in stressigen Situationen schneller entspannen. Vor dem Kurs hätte Maria sich wegen dem, was die innere Stimme sagte, noch lange schuldig und schlecht gefühlt und der inneren Stimme alles, was sie behauptet, abgenommen. Sie hätte nicht nur gedacht, dass sie einen Augenblick lang unachtsam gewesen war, sondern sich für den personifizierten Ausdruck der Unachtsamkeit gehalten. Eins kann er nämlich besonders gut, dieser innere Feind: Er wertet nicht nur den Fehler ab, den wir gerade gemacht haben. Er behauptet: Wir *sind* der Fehler! Aber dank des Kurses konnte sich Maria zum ersten Mal sagen: »Mein innerer Kritiker kann mich mal!«

Seit Maria achtsamer geworden ist, nimmt sie ihre innere Stimme anders wahr. Wenn sie ihr lauscht, hört sie ihr mit sehr viel Mitgefühl zu, ohne ihr alles zu glauben. Mal redet sie mit ihr, mal ignoriert sie sie. Maria weiß auch, dass ein Fünkchen Wahrheit in dem stecken könnte, was ihre innere Kritikerin sagt. Aber mehr auch nicht.

Maria ist nicht die Einzige, die innere Schimpftiraden über sich ergehen lassen muss, wenn ihr etwas allzu Menschliches in einem Augenblick der Hektik, einem unachtsamen Moment oder während einer schwierigen Situation passiert. Ich selbst kenne solche inneren Anklagen zur Genüge. Wie ist es bei dir? Vielleicht magst du an dieser Stelle einen Moment innehalten und dir Zeit nehmen, um zu überlegen, wann dein innerer Kritiker sich ungefragt bei dir meldet?

Heute lacht Maria ihrem inneren Kritiker in manchen Situationen sogar ins Gesicht, in anderen nimmt sie ihn in den Arm oder weist ihn in seine Schranken – je nachdem, was gerade angesagt ist. Du kannst das auch! Doch zunächst schauen wir uns an, wer diese innere Stimme überhaupt ist und wie genau sie es schafft, sich dauerhaft bei uns einzunisten.

DIE HERKUNFT DER INNEREN KRITIKER

Diese kleinen inneren scharfen Kritiker, ewigen Antreiberinnen oder nörgelnden Perfektionisten sind Teile unserer Persönlichkeit. Als Teilpersönlichkeiten begleiten sie uns schon so lange, dass wir uns ein Leben ohne sie gar nicht mehr vorstellen können. Wir installieren sie in unseren ersten Lebensjahren als Schutz gegen Verletzungen durch unsere Eltern, Lehrer, Verwandte, Freunde, Institutionen wie die Schule und schlussendlich durch unsere Gesellschaft, durch die wir geprägt werden. Kurz: Durch jene Menschen, die besonders in unseren ersten Lebensjahren eine wichtige Rolle spielen, werden diese inneren Kritiker bis zu unserem zwölften Lebensjahr geprägt. Dabei bilden sie sich abhängig von den Werten, mit denen sie genährt werden, entsprechend aus. In der Zeit der Adoleszenz, wenn eine Abnabelung von den Eltern erfolgt, werden die Persönlichkeitsanteile weiter durch die Peergroups, mit denen wir Umgang haben, beeinflusst. In dieser Zeit festigen wir innere Werte, die dann wegweisend für unsere weiteren persönlichen und beruflichen Wege sind.

Lange war man davon überzeugt, dass damit die persönliche Entwicklung im Gehirn weitgehend abgeschlossen sei. Man ging davon aus, dass das Gehirn nach Abschluss der Kindheit ein fix verdrahtetes und starr festgelegtes Organ sei, das eine bestimmte Anzahl von Nervenzellen mit unveränderlichen Verbindungen besitzt. Mittlerweile weiß man jedoch, dass sich das Gehirn bis zum Ende unseres Lebens gezielt verändern lässt. Diese Möglichkeit wird als »Neuroplastizität« oder »Gehirnplastizität« bezeichnet. Damit wird die Anpassungsfähigkeit unseres Gehirns beschrieben. Der Entdecker der Neuroplastizität, Michael Merzenich, konnte nachweisen, dass sensible Nerven durch wiederholte Reizung ein größeres Hirnareal bilden. Durch einen Lernvorgang stellt das Gehirn für häufig ausgeführte Tätigkeiten mehr Gewebe zur Verfügung. Metaphorisch kann man sich diesen Vorgang als Bau neuer Straßen vorstellen. Wenn zwei Neuronen gleichzeitig feuern, werden sie mit der Zeit stärker und werden leichter erregbar. Auf diese Weise kann unser Gehirn neue »Straßen« bauen, die bei sehr häufiger Wiederholung zu »Autobahnen« werden. Im Umkehrschluss werden solche Straßen abgebaut, die nur noch selten oder nicht mehr benutzt werden.

Richten wir unsere Gedanken, dem amerikanischen Neuropsychologen Rick Hanson zufolge, der sich intensiv mit der Auswirkung von Achtsamkeit und Selbstmitgefühl auf unser Gehirn beschäftigt hat, auf Sorgen, Selbstkritik und Wut aus, entwickeln sich neuronale Strukturen und Dynamiken, die Angst, geringes Selbstwertgefühl und gereizte, ängstliche und misstrauische Reaktionen auf uns selbst, auf andere und auf das Leben nach sich ziehen. Richten wir unseren Geist hingegen darauf aus, dass wir gut sind, so wie wir sind, und das Gute in uns selbst sehen, werden sich Qualitäten wie Achtsamkeit, Selbstmitgefühl, Stärke, Selbstvertrauen und innerer Frieden ausdehnen.[1] Allerdings gibt es einen Wermutstropfen: Wir müssen aktiv und regelmäßig daran arbeiten, dass diese positiven Qualitäten bleiben und sich vermehren. Denn unser Gehirn hat die Tendenz, immer erst den Blick auf das Negative zu richten. Deshalb ist es so wichtig, sich der eigenen inneren Widersacher bewusst zu werden und die bereits vorhandenen guten in uns zu »füttern«, neue positive

Stimmen zu installieren und ihnen vermehrt unsere Aufmerksamkeit zu schenken, und die störenden nicht mehr in den Mittelpunkt unserer Aufmerksamkeit zu stellen.

Wir selbst können jederzeit entscheiden, wem wir mehr Aufmerksamkeit schenken möchten und welchen Teilpersönlichkeiten wir zukünftig nur noch Nebenrollen geben möchten. Und ja, wir sind dazu in der Lage. Aber nur wir selbst können es. Veränderungen brauchen Zeit. Bis aus inneren Feinden Freunde werden, wird es ein paar Monate dauern. Aber: Es lohnt sich. Wir entdecken uns neu. Wir erfinden uns neu. Wir werden zur besten Version unserer selbst, weil diese Entdeckungsreise bei den meisten viele ungeahnte Talente auf die Bühne des Lebens bringt.

Bevor dieser Wandel passieren kann, ist ein bisschen Detektivarbeit angesagt. So wie bei Maria braucht es bei jedem von uns ein gewisses Maß an Übung, um die eigenen inneren Persönlichkeitsanteile kennenzulernen. Und da sie schon so lange zu uns gehören, braucht das Auffinden eine gewisse Portion Offenheit, Neugierde und Geduld. Jede Teilpersönlichkeit, egal, wie klein sie auch sein mag, hat ihre eigenen Werte. Und jede will immer nur das Allerbeste für uns – auch wenn du es dir jetzt noch nicht vorstellen kannst. Das wollen sie wirklich! Ihre Ansichten sind leider manchmal sehr begrenzt und undifferenziert, mitunter sehr infantil, was damit zu tun hat, dass sie sich in einem sehr frühen Alter entwickelt haben. Ihnen allen ist etwas gemein: Sie wollen immer und zu jeder Zeit nur unser Bestes. Sie alle haben aus ihrer Sicht gute Absichten, wollen uns schützen und unterstützen. Ob das Verhalten heute noch zu unserem Leben passt, ist eine andere Frage.

Solltest du diese kritischen Stimmen noch nicht an dir selbst entdeckt haben, so kannst du dir sicher sein, dass es auch in deinem Umfeld Menschen gibt, die sie beherbergen. Vielleicht hast du einen Menschen in deinem Umfeld, der beim geringsten Stress gerne jammert und sich bei jeder Herausforderung gerne selbst bemitleidet. Du denkst dir, wie schade das ist, weil der Mensch doch eigentlich ein guter Typ Mensch ist. Sein Verhalten passt irgendwie gar nicht zu ihm. Tatsächlich würde es ihm guttun, wenn er Liebe und Zuwendung erhalten würde. Da er sich seiner Teilpersönlichkeit nicht bewusst ist und weil er sich Trost und Zuwendung wünscht, da er sich gerade in einer Situation überfordert fühlt, fordert er Aufmerksamkeit über Jammern, Lamentieren und Klagen ein. Er verhält sich eher wie ein kleines Kind, nicht wie ein erwachsener Mensch. Wie sollte er auch? Solange er sich seiner eigenen Querulanten nicht bewusst ist und Jammern das Einzige ist, was er als Verhaltensmuster aufgrund seiner Überzeugungen und Werte kennt, jammert er. Es ist ein altes Muster, das sich seit seiner Kindheit immer und immer wiederholt, aber nicht mehr zu dem Erwachsenen passt.

Jammerst du selbst auch manchmal wie ein kleines Kind, wenn etwas nicht ganz rundläuft? Bist du dir selbst noch nicht sicher, ob du dich mit genügend Abstand betrachten kannst? Dann sei mutig und frage Menschen in deinem Umfeld, die es gut mit dir meinen, ob und wann du ein infantiles Verhalten an den Tag legst.

Als erwachsene selbstreflektierende Menschen haben wir zum Glück ein viel breiteres Spektrum an Reaktions- und Handlungsmöglichkeiten als ein paar kritisierende Teilpersönlichkeiten, die sich in jungen Jahren gebildet haben. Zum Glück leben nicht alle unsere Teilpersönlichkeiten als innere Widersacher in uns. Normalerweise gibt es in jedem von uns auch viele Teilpersönlichkeiten, auch Anteile genannt, die uns inspirieren, stärken, begeistern und die wachsen wollen.

Wenn wir mit diesen Anteilen, dem Erwachsenen in uns und mit Qualitäten wie der Achtsamkeit und des Selbstmitgefühls auf unsere inneren Saboteure schauen, erkennen wir, dass sie uns eigentlich gar nicht schaden wollen. Wir haben bislang nur ihre Sprache nicht verstanden und übersehen, dass sie es eigentlich nur gut mit uns meinen. Die jammernde Teilpersönlichkeit einer jammernden Bekannten will einfach nur in den Arm genommen werden, sie weiß nicht, wie sie ihr Bedürfnis am besten ausdrücken soll.

Zum Glück haben wir eine Wahl. Das, worauf wir unsere Aufmerksamkeit richten, nimmt zu, wird stärker. Richten wir unsere Aufmerksamkeit mit Achtsamkeit auf das in uns, was uns innerlich stärkt, um dann mit viel Selbstmitgefühl den Anteilen zu begegnen, die uns immer wieder sabotieren, werden wir zu einer liebenswerten, einzigartigen erwachsenen Persönlichkeit.

VERGESSENE KINDER

Schenke dir die Liebe,
die du als Kind vermisst hast.

Die Teilpersönlichkeiten, die uns heute als Erwachsene sabotieren, sind kleine Kinder, die innerlich eingefroren und nicht mitgewachsen sind. Sie haben sich nicht wie die anderen Teilpersönlichkeiten weiterentwickeln können. Sie sind stecken geblieben in einem Wertesystem, das infantil und ichbezogen ist. Sie sind bedauernswert, hilflos und fristen ihre Existenz in der Gestalt eines Anteils, der sich bedroht, ausgeliefert, ungeliebt und einsam fühlt. Aufgrund ihrer Starre können sie sich uns nicht direkt und unmittelbar mitteilen. Ihre Werte gehen nicht einher mit denen einer erwachsenen Persönlichkeit, was zu einer großen Diskrepanz im eigenen Erleben führen kann.

Wie kann es sein, dass diese Teilpersönlichkeiten so einsam und erstarrt zurückgeblieben sind? Sie haben sich nicht weiterentwickelt, weil starke Gefühle dazu geführt haben, sich abzuspalten: Verletzungen, Kränkungen vor anderen, Beleidigungen können mit so schmerzvollen Gefühlen einhergehen, dass wir sie nicht aushalten.

Solche inneren Störenfriede werden besonders dann installiert, wenn wir im Kindesalter wenig Trost erfahren, es kaum Zuwendung oder Liebe für uns gibt und wir keine Unterstützung bei unserer Entfaltung erleben, wenn wir Rollen einnehmen müssen, die uns überfordern, oder wenn wir in unserer Einzigartigkeit keine Anerkennung bekommen. Sie entstehen, wenn wir vor anderen Menschen lächerlich gemacht oder gedemütigt werden. Die Installationsregel ist simpel: Je *weniger* wir das geliebte Kind sind, desto *mehr* innere Kritiker gibt es.

Als Thomas beim Fußballspiel im Garten von einem Nachbarjungen gefoult wurde und laut fluchte, wusch sein Vater – seines Zeichens Pfarrer – ihm vor den Augen der anderen Jungs den Mund mit Seife aus. Um solchen Demütigungen zukünftig nicht mehr ausgesetzt zu sein, zog der innere Kritiker ein. Er warnte Thomas davor, zukünftig Schimpfworte zu benutzen und seinen Gefühlen Ausdruck zu verleihen – vor allem in der Gegenwart von anderen. Brillant erfüllte er seine Aufgabe: Er sorgte dafür, dass Thomas mit dem Fußballspielen aufhörte, weil er sich nicht noch einmal vor anderen blamieren wollte. Er bewahrte Thomas auch vor öffentlicher Zurückweisung, indem er jedes Schimpfen in der Öffentlichkeit untersagte, selbst in Momenten, in denen es einen guten Grund dafür gegeben hätte.

Selbst im Erwachsenenalter überkommen Thomas jedes Mal das schlechte Gewissen und ein subtiles Gefühl der Scham, wenn er vor anderen schimpft. Seine Sorge, wieder blamiert zu werden, sitzt ihm tief in den Knochen. Mittlerweile hat Thomas mehr Mitgefühl für diesen inneren Kritiker entwickelt und konnte dafür sorgen, dass er nur noch eine Nebenrolle in seinem Leben spielt.

So wie Thomas ergeht es vielen: Ein Persönlichkeitsanteil übernimmt nach einer beschämenden Situation innerlich ungefragt eine Hauptrolle, die mit dem Entschluss einhergeht, der so klingen könnte:

So etwas darf mir nicht noch einmal passieren.

Nie wieder werde ich mich so blamieren.

Es wird mir nie mehr passieren, dass ich so ausgelacht werde.

Kein Mensch wird mich mehr so demütigen.

Niemand wird mich traurig oder wütend erleben.

Keiner wird mich noch einmal so überlisten, hintergehen oder betrügen.

Kennst du solche Sätze? Möglicherweise verwendet dein innerer Kritiker ein anderes Vokabular. Überlege dir, welche Aussagen immer wieder in dir auftauchen, wenn dich eine innere Stimme ermahnen möchte. Schreibe sie dir auf. Mache sie sichtbar. So lernst du deinen inneren Kritiker besser kennen.

Innere Querulanten wie die von Thomas werden zu einer Art innerer Wächter. Mit Argusaugen achten sie darauf, dass wir nicht mehr in eine solche Situation kommen, in der wir verletzt werden könnten. Selbst wenn sich eine solche Situation, in der man diese schmerzhaften Gefühle noch einmal erleben könnte und mit denen man früher nicht umgehen konnte, in weiter Ferne befindet, macht dieser innere Anteil einen großen Bogen um alle Situationen und Menschen, von denen er glaubt, dass sie uns wieder wehtun könnten. Er ist der festen Überzeugung, dass wir mit einem solchen Umstand nicht klarkommen. Dass wir in der Zwischenzeit erwachsen geworden sind, viel geleistet und geschafft haben, sieht der innere Wächter nicht.

Solange der innere Kritiker fest im Regiestuhl sitzt und an seinem Drehbuch festhält, wird immer wieder der gleiche

Film ablaufen. Die Drehbücher der inneren Saboteure sind sehr einseitig. Man könnte sagen: Es läuft immer der gleiche Film ab: In dem ist er selbst nie schuld, weil immer die anderen die Schuld haben. In dem Film gibt es keine Ängste, weil sie so gut getarnt sind, dass sie auf den ersten Blick nicht erkennbar sind. Es gibt auch keine Schwäche, weil nur die anderen schwach und doof sind. Selbstmitgefühl gibt es schon gar nicht: Das Leben ist schließlich immer ungerecht.

Ein anderer Schmalspurfilm könnte Folgendes zeigen: Man ist immer an allem schuld, weil man einfach zu doof ist. Man hat so viele Ängste, dass man sich nichts zutraut. Man selbst ist schwach und doof. Selbstmitgefühl hat jemand, der so doof ist, gar nicht verdient.

Solange man diesen Schmalspurfilm nicht als solchen erkennt, ist es sehr schwer, sich selbst mit Mitgefühl zu begegnen. Die inneren Kritiker werden uns auslachen, weil sie es geradezu peinlich oder lächerlich finden, sich selbst mit Liebe zu begegnen. Stattdessen wirken sie nach außen hin sehr cool, was dazu führt, dass sie manchmal sehr kalt und hochmütig rüberkommen können. Dabei sind sie so verletzlich, bedürftig und unglücklich. Aber das können sie nicht kommunizieren. Das käme für sie einem Verrat gleich. Bedürftigkeit zu zeigen, ist mit großer Scham besetzt und somit unmöglich. Durch dieses Verhalten ist es auf Dauer etwas kühl ums eigene Herz.

Wenn wir unser eigenes Herz mehr erwärmen möchten und inneren Frieden finden wollen, können wir die inneren Saboteure nicht ignorieren. Wir können sie auch nicht abspalten, was übrigens sehr häufig passiert, weil eine Hinwendung zu ihnen Achtsamkeit und Selbstmitgefühl, Geduld und Zeit braucht. Das alles hat in unserer heutigen Gesellschaft, in der wir alles sofort haben wollen, keinen Platz mehr. So erlebe ich zum Beispiel selbst in der sogenannten spirituellen Szene, in der ich durch meine journalistische Tätigkeit zum Thema Yoga aktuell viel unterwegs bin, dass die inneren Kritiker fest im Regiestuhl vieler Menschen sitzen, ohne dass sich die Menschen dessen bewusst sind. Selbst Menschen, die bereits viel Meditationserfahrung haben oder schon jahrelang Yoga praktizieren, haben innere Saboteure, ohne diese zu bemerken.

Solange sie sich ihnen nicht explizit zuwenden, solange sie sich nicht um diese inneren Anteile kümmern, stehen sie unter deren Fuchtel, was sich zum Beispiel in einem enormen spirituellen Leistungsdruck äußern kann. Öffnen sie sich dann für die fordernden inneren Anteile, erkennen sie, dass sie sich selbst enorm unter Druck gesetzt haben, falls eine Meditation mal nicht so gut lief oder sie eine Yogahaltung nicht perfekt ausführen konnten. Zum Glück erfahren sie auch, dass Achtsamkeit und insbesondere die Praxis des Selbstmitgefühls hier viel Heilung bewirken kann. Durch eine mitfühlende Hinwendung zu sich selbst fangen sie an, das Leben noch einmal intensiver und bewusster zu erleben. Ihre spirituelle Praxis ändert sich grundlegend und sie beginnen, sie wegen sich selbst zu praktizieren. Sie beginnen, ihre Aufmerksamkeit ganz neu nach innen zu richten und dabei alles mit den Augen des Mitgefühls und der Liebe zu betrachten. Sie werden berührbarer. Sie lassen los von der Idee, sich selbst zu vervollkommnen, lassen von überzogenem Perfektionismus ab und lernen, sich der eigenen Unvollkommenheit anzunehmen.

Wenn wir das nicht tun, dann praktizieren wir eine Art spirituellen Bypass, sind nur auf angenehme Gefühle aus und bleiben sehr an der Oberfläche. Dann sind wir »perfekt« in einer Yogahaltung, aber beseelt ist sie nicht wirklich.

Die inneren Saboteure zu ignorieren, bringt nur kurzfristig eine Erleichterung, weil wir einen bestimmten Schmerz nicht spüren. Langfristig ist es so, als würden wir mit angezogener Handbremse durch unser Leben fahren. Solange wir Anteile abspalten, können wir nicht unsere ganze Persönlichkeit mit all ihren Facetten leben.

WIE STELLEN SICH DIE KLEINEN BIESTER ODER GUT MEINENDEN HELFER DAR?

Wie stellen sich diese inneren Saboteure dar, die zu kleinen, fiesen Biestern werden können, wenn sie die Hauptrolle im Film unseres Lebens spielen? Wem gehören diese Stimmen, die so laut, scharf, zügellos und bösartig klingen können? Diese inneren Protagonisten können sich zu mächtigen Persönlichkeiten aufplustern, die sich für jeden Menschen anders darstellen: Marion stellt sich ihre innere Saboteurin beispielsweise wie eine strenge Nonne vor, die den ganzen Tag nur an ihr herummeckert. Claudia sieht ihren inneren Kritiker als einen Buchhalter mit Glatze und dicker Hornbrille, der sie immer über den Brillenrand hinweg mit kritischem Blick beobachtet. Peter erscheint der innere Feind in Form eines Generals, der jedes Mal tobt, wenn er nur fünf Minuten zu spät zu einer Besprechung erscheint. In Katja lebt ein geiziger Dagobert Duck, der jedes Mal die Hände über dem Kopf zusammenschlägt, wenn sie sich etwas Schönes zum Anziehen kaufen möchte. Er ist der Meinung, dass das Geld für den Notfall aufbewahrt werden muss. Und man weiß nie, wann der kommt.

Für ein erstes Kennenlernen deiner eigenen inneren Kritiker könntest du überlegen, wie sie aussehen. In welcher Gestalt, der eines Menschen, eines Tieres oder eines Fabelwesens könnten deine eigenen inneren »schützenden« Persönlichkeitsanteile erscheinen? Versuche, dich ihnen mit einem achtsamen und mitfühlenden Blick zuzuwenden und sie zu beschreiben.

DIE WEISSE FAHNE HISSEN

Worauf wartest du noch?
Auch du kannst inneren Frieden erlangen.

Wenn wir uns mutig, achtsam und mitfühlend den eigenen inneren Saboteuren nähern, sollten wir dies in einer friedlichen Absicht tun. Nichts verschreckt sie mehr als Drohungen, Anklagen oder Schuldzuweisungen. Mit einer achtsamen Haltung, diesem wertfreien, offenen und freundlichen Gewahrsein, wollen wir sie einfach nur kennenlernen. Wenn wir ihnen mit einem offenen Herzen begegnen und ehrlich mit ihnen reden, sind sie auch bereit, sich uns zu widmen.

Dann werden wir sehr schnell erkennen, dass sie kein leichtes Leben haben und dass sie nur eines wollen: in den Arm genommen werden. Schon bald werden wir merken, dass es kein leichtes Los ist, als Saboteur zu leben, denn die meisten haben es wirklich nicht leicht.

Die mahnende Stimme in uns, die auf keinen Fall möchte, dass wir uns in einem Kirchenchor blamieren, obwohl wir so gerne in einer Gruppe singen würden, wird alles Mögliche unternehmen, damit wir nicht auf die Idee kommen, unsere beste Freundin zu begleiten, wenn diese zum Chor geht. Um zu verhindern, dass wir vor 50 anderen Chormitgliedern falsch singen, scheut dieser Querulant keine Mühe, um uns mit Albträumen, Zitteranfällen, Halsschmerzen und Migräne davon abzuhalten.

Klaus' innerer Saboteur funkte gerne bei größeren Entscheidungen dazwischen. Zu Beginn seines Mathematikstudiums überlegte er sich, in den Semesterferien für drei Monate einen Job als Kellner in Griechenland anzunehmen. Jedes Mal, wenn er sich vorstellte, wie cool es sein würde, damit sein eigenes Geld zu verdienen, meldete sich seine innere Stimme ungefragt zu Wort: »Das ist nichts für dich. Das schaffst du nicht. Du hast zwei linke Hände, wirst andauernd das Tablett fallen lassen.« Sein innerer Saboteur wollte ihn unbedingt vor Misserfolgen schützen. Nie wieder sollte er noch einmal so scheitern wie damals als Zwölfjähriger, als er auf einer großen Familienfeier ein Tablett mit den Lieblingsgläsern seines Vaters fallen ließ.

Durch die Achtsamkeitspraxis lernte er seinen inneren Saboteur kennen und bei genauerem Hinschauen erkannte er, dass dieser ihn eigentlich nur schützen wollte.

Innere Wächter und Saboteurinnen aufdecken

Wenn wir den inneren Kritiker treffen, reagieren wir automatisch mit Widerstand. Ein bestimmtes negatives Gedankenkarussell wird angestoßen und führt zu einem Reaktionsmuster, in dem wir uns selbst sabotieren. Dieses Verhalten läuft oftmals automatisch ab, ohne dass wir uns dessen bewusst sind. Aber wenn wir uns unserer inneren Quertreiber bewusst werden, können wir dafür sorgen, dass zwischen Reiz und Reaktion eine Lücke entsteht und wir unser Verhalten ändern können.

Mit den folgenden Fragen kannst du deinen inneren Wächtern und Saboteurinnen behutsam auf die Spur kommen. Versuche, diese Fragen mit einem offenen Herzen möglichst wertfrei zu beantworten. Lese die Fragen aufmerksam durch und kreuze die zutreffende Antwort an.

Ziehst du dich immer wieder zurück oder isolierst du dich?

Nie ☐ Ab und zu ☐ Meistens ☐ Immer ☐

Tendierst du dazu, dir bei allem, was du vorhast, den Worst Case vorzustellen?

Nie ☐ Ab und zu ☐ Meistens ☐ Immer ☐

Verbringst du viel Zeit mit Grübeleien und Selbstzweifeln?

Nie ☐ Ab und zu ☐ Meistens ☐ Immer ☐

Machst du dir ununterbrochen Sorgen?

Nie ☐ Ab und zu ☐ Meistens ☐ Immer ☐

Fühlt es sich bei allem, was du tust, so an, als würdest du dich über einen frisch zugefrorenen See bewegen und als könnte das Eis jederzeit einbrechen – durch einen falschen Satz, eine falsche Handlung et cetera?

Nie ☐ Ab und zu ☐ Meistens ☐ Immer ☐

Fühlst du dich permanent innerlich alarmiert, als könnten jederzeit die Kündigung, eine Bestrafung, eine Reklamation oder ähnliche Konsequenzen drohen?

Nie ☐ Ab und zu ☐ Meistens ☐ Immer ☐

Bist du aktiv oder sogar überaktiv, selbst in Situationen, in denen du dir mal Ruhe gönnen könntest, wie am Wochenende oder im Urlaub?

Nie ☐ Ab und zu ☐ Meistens ☐ Immer ☐

Bist du leicht gestresst?

Nie ☐ Ab und zu ☐ Meistens ☐ Immer ☐

Beleidigst du dich selbst?

Nie ☐ Ab und zu ☐ Meistens ☐ Immer ☐

Hinterfragst du deine Entscheidungen permanent?

Nie ☐ Ab und zu ☐ Meistens ☐ Immer ☐

Fühlst du dich durch Äußerungen anderer Menschen schnell verletzt?

Nie ☐ Ab und zu ☐ Meistens ☐ Immer ☐

Wirst du wieder zum Kind, wenn du kritisiert oder mit großen Herausforderungen konfrontiert wirst?

Nie ☐ Ab und zu ☐ Meistens ☐ Immer ☐

Siehst du die Welt häufig in Schwarz-Weiß?

Nie ☐ Ab und zu ☐ Meistens ☐ Immer ☐

Hast du häufig Gefühle von Unzulänglichkeit, Unterlegenheit oder Unwissenheit?

Nie ☐ Ab und zu ☐ Meistens ☐ Immer ☐

Hältst du Regeln konsequent und in gewisser Weise etwas starr ein?

Nie ☐ Ab und zu ☐ Meistens ☐ Immer ☐

Hast du eine eher grundsätzlich negative Grundeinstellung gegenüber Freude, Spaß und positiven Gefühlen?

Nie ☐ Ab und zu ☐ Meistens ☐ Immer ☐

Gibst du dir selbst gerne ein Genussverbot?

Nie ☐ Ab und zu ☐ Meistens ☐ Immer ☐

Leidest du unter einer diffusen Unzufriedenheit?

Nie ☐ Ab und zu ☐ Meistens ☐ Immer ☐

Sind deine To-do-Listen endlos?

Nie ☐ Ab und zu ☐ Meistens ☐ Immer ☐

Hast du das Gefühl, dir Urlaub sehr hart erarbeiten zu müssen, und wenn er da ist, plagt dich unentwegt das Gefühl, dass es noch so viel zu tun gäbe und eigentlich keine Zeit ist, um sich auszuruhen?

Nie ☐ Ab und zu ☐ Meistens ☐ Immer ☐

Wenn du dich in einigen dieser Fragen wiedererkennst, hast du schon einen riesigen Schritt in Richtung innere Freiheit gemacht! Was uns bewusst wird, kann uns nicht mehr wie aus dem Nichts überfallen. Und was wir genauer kennen, hat keine Macht mehr über uns.

TEIL 2: WER FÜHRT HIER DIE REGIE?

Zwischen Reiz und Reaktion
liegt ein Himmelreich.

Machen wir uns bewusst, dass die inneren Gegenspieler für uns nichts Schlechtes im Sinn haben, sondern etwas Gutes, werden wir vielleicht sogar ein bisschen neugierig: »Wer bist du eigentlich, du innerer Kritiker? Sollst du mich wirklich ›mal können‹ oder kann ich vielleicht selbst viel mehr, wenn wir an einem Strang ziehen?« Voraussetzung dafür ist, dass wir uns selbst insgesamt, auch unsere schwierigen Teilpersönlichkeiten, mit einem milden und mitfühlenden Blick betrachten. Wie viele Jahre, ja vielleicht sogar Jahrzehnte, haben wir unserem inneren Wächter geglaubt, ohne jemals an ihm zu zweifeln? Wir glaubten, seine Stimme sei die richtige. Wenn wir ihr folgen würden, wäre alles gut. Wie sehr haben wir uns angestrengt, denn natürlich konnten wir ihn nie zufriedenstellen, sonst wäre er ja irgendwann verschwunden. Er verschwindet nicht durch Leistung, denn ihn dürstet nach Mitgefühl. Das ist es, was er wirklich braucht.

Solange er über uns wacht, befürchten wir, dass wir von anderen Menschen nicht mehr so sehr geliebt werden, wenn wir nicht mehr auf ihn hören. Mit ihm an unserer Seite ist es so, als würden wir über eine Straße gehen, auf der es einige Pfützen gibt, die vereist sind. Er vermittelt uns das Gefühl, dass die ganze Straße vereist ist. Die ganze Zeit warnt er uns: »Pass auf, hier ist so viel Glatteis! Pass auf, sonst brichst du dir die Knochen und kannst nicht mehr arbeiten.« Wir sind innerlich im Hochalarm-Modus und haben Angst zu stürzen. Dabei übersehen wir, dass diese Vorsicht übertrieben ist und damit die eigentlich gut gemeinte Unterstützung des Kritikers aus dem Ruder gelaufen ist. In einem solchen Moment zu bemerken, dass wir vorsichtig sein sollten, aber trotzdem die Straße entlanggehen können, ist ein großer Schritt in die eigene innere Freiheit.

Auf den folgenden Seiten wirst du verschiedene Facetten dieser Querulanten kennenlernen. Vielleicht erkennst du einige von ihnen wieder.

DER INNERE KRITIKER

Der innere Kritiker meckert besonders gerne an der äußeren Erscheinung herum: »Deine Haare sind zu dünn. Niemand wird dich mit solchen Haaren lieben!« Aber auch das Verhalten kommentiert er, egal, wie viel man vorher geleistet hat. »Du bist zu dumm, um die Aufgabe zu lösen!« ist ein Satz, der von ihm stammen könnte. Solche Aussagen flüstert er uns besonders gerne in Augenblicken zu, in denen wir genau das Gegenteil gebrauchen könnten: Zuspruch, Trost, Verständnis oder Mitgefühl. Das alles sind Fremdworte in den Ohren des Kritikers. Seine überhöhten Standards zu erfüllen, ist unmöglich, weil sie über die Maßen unrealistisch und überzogen sind. Seine ungefragte Kritik ist zutiefst verunsichernd. Er verlangt, dass wir uns auch noch anstrengen, wenn wir bereits unser Möglichstes gegeben haben. Das Allerbeste an Leistung ist ihm immer noch zu wenig. Schauen wir mit einem offenen Herzen auf ihn, können wir erkennen, dass er uns eigentlich nur vor einer großen Blamage schützen möchte.

Franziska ist eine wunderschöne holländische Yogalehrerin. Sie hat bereits für viele internationale Frauenzeitschriften als Model gearbeitet. Viele Frauen beneiden sie um ihre Schönheit. Selbst wenn sie auf dem Cover der renommiertesten Frauenzeitschriften steht, flüstert ihr innerer Kritiker ihr ins Ohr: »Nimm dich nicht so wichtig! Die Zeitschrift hat dich bestimmt nur genommen, weil gerade keines der besseren Models Zeit hat. Die sind ja sowieso alle permanent ausgebucht – im Gegensatz zu dir. Schließlich hast du ja auch eine viel zu große Nase.«

Was immer sie tut, sie ist ihrem inneren Kritiker nie schön genug. Ich durfte es selbst einmal erleben, wie gnadenlos er sie kritisiert. Wir trafen uns in München, weil ich ein kurzes Video mit ihr für den Instagram-Kanal von *Yoga aktuell* drehen wollte. Sie bat mich, zuerst ein Probevideo zu drehen. Das gefiel ihr nicht. Sie fand, dass sie in dem Dress sehr unvorteilhaft aussah. Also zog sie sich schnell um und wir drehten das Video erneut – mit dem Ergebnis, dass sie nun zwar das Outfit schön fand, aber der Hintergrund ihr doch zu unruhig erschien. Ich konnte diese Zweifel nicht nachvollziehen. Dennoch suchten wir eine Location, die ihr besser gefiel, und nahmen ein drittes Video auf. Zugegeben, ich war mittlerweile leicht genervt, weil ich sowohl ihre Outfits als auch die Location wirklich passend fand. Nach der dritten Aufnahme mochte sie ihre Stimme nicht. Zum Glück konnte ich sie nach langem Hin und Her davon überzeugen, dass der Klang ihrer Stimme sehr gut war und sie warm und herzlich rüberkam.

Die Markenzeichen des inneren Kritikers

- Er liebt es, selbst kleinste Verfehlungen aufzublähen.
- Sein Hauptaugenmerk liegt auf persönlichen körperlichen Unzulänglichkeiten.
- Er triggert Emotionen aufs Übelste.
- Er vergleicht uns gerne mit anderen. Dabei kommen wir selbst meistens schlechter weg.

- Er ist sehr findig, wenn es darum geht, uns zu verletzen.
- Rund um die Uhr sorgt er dafür, dass wir uns permanent in Habachtstellung befinden, weil wir Angst vor seiner Kritik haben.
- Beim kleinsten Fehler bezüglich unseres Verhaltens kann seine Kritik so übertrieben und maßlos sein, dass sie uns das Selbstvertrauen raubt.
- Akribisch macht er alle Erfolge runter; keine Errungenschaft ist ihm gut genug, keine noch so große Anstrengung erkennt er an.
- Gnadenlos vermittelt er uns das Gefühl, dass nur *er* weiß, was richtig und falsch ist.
- Er kritisiert nicht nur unser Verhalten, sondern in einem Rundumschlag gleich unsere ganze Person.
- Er hat einen sehr feinen Riecher für unsere wunden Punkte – und drückt genau die Knöpfe, die damit zusammenhängen.

Nimm dir ein paar Augenblicke Zeit und mache dir bewusst, in welchen Situationen dein innerer Kritiker sich besonders gerne zu Wort meldet. Wann kritisiert er dein Aussehen oder dein Verhalten besonders gerne? Indem du bemerkst, dass er sich mit deinen Unzulänglichkeiten beschäftigt oder er dich gleich immer als Person entwertet, kannst du anfangen, anders mit ihm umzugehen.

DIE INNERE PANIKMACHERIN

Diese innere Widersacherin ist eine Zeitgenossin, die schnell in Panik gerät. Eine schlechte Bewertung, eine gut gemeinte Kritik eines Kollegen, eine liegen gebliebene Arbeit kann die innere Panikmacherin in Angst und Schrecken versetzen. Es können alltägliche Situationen sein, die dieser Teil in uns schwarz und düster werden lässt. Zum Beispiel kann ein Auftragszuschlag, den wir dann doch nicht erhalten, leicht die Gedanken nach sich ziehen, zukünftig obdachlos zu werden, weil wir die Miete nicht mehr zahlen können. Rasch wird aus einer einzigen Situation, die nicht glücklich verlaufen ist, eine Kaskade von schrecklichen Ereignissen.

Betrachten wir diesen Persönlichkeitsteil mit Abstand und Wohlwollen, können wir erkennen, dass auch sie eigentlich eine gute Absicht verfolgt. Sie möchte uns vor möglichen Gefahren warnen. Sie möchte nicht, dass uns etwas passiert.

Christel hatte vier Kinder, und eines von ihnen war immer irgendwo in der Welt unterwegs. Im Jahr 2004 war ihre jüngste Tochter Inge über Weihnachten auf Sri Lanka, um dort eine Ayurvedakur zu machen. Christel machte sich bereits vor der Abreise Sorgen, was ihrem Kind auf dieser Reise alles zustoßen könnte. Als dann der Tsunami über Südostasien hereinbrach und Hunderttausenden an den Küsten das Leben nahm, war Inge gerade in den Bergen Sri Lankas unterwegs. Als sie von dem Unglück erfuhr, rief sie sofort ihre Mutter an, um ihr zu sagen, dass alles okay sei. Christel war sehr erleichtert zu hören, dass ihre Tochter gesund war.

Kurz nachdem die beiden miteinander gesprochen hatten, brachen viele Telefonleitungen zusammen, weil jeder versuchte, seine Angehörigen zu Hause zu informieren. Vier Wochen später, kurz vor dem Rückflug, konnten die beiden wieder miteinander in Kontakt treten, weil die Telefonleitungen auch im Inland wieder repariert worden waren. Nachdem Inge ihr gesagt hatte, dass sie gesund sei und es ihr gut gehe, meinte ihre Mutter: »Liebes, jeden Tag schaue ich mir im Fernsehen an, was dort alles passiert ist. Und jeden Tag habe ich mir vorgestellt, was auch dir hätte alles passieren können. Und ich habe mir vorgestellt, wie schwierig es gewesen wäre, dich unter all den Opfern zu finden.«

Natürlich war das ein extremes Ereignis, das die Sorge um Inge verständlich macht. Doch auch bei ganz normalen Situationen hatte Christel immer Angst um ihre Kinder. Und Jahre später realisierte auch ihre Tochter Inge, dass es ebenso in ihr eine innere Panikmacherin gab, die ihr immer Angst machte. Ein Achtsamkeitskurs half ihr, das herauszufinden.

Die Markenzeichen der inneren Panikmacherin

- Sie hat die Tendenz, unsere Gedanken mit Angst vor dem zu vergiften, was hätte passieren können oder was zukünftig passieren würde.

- Sie macht gerne aus einer kleinen Mücke den allergrößten Elefanten.
- Sie liebt es, alles zu dramatisieren.
- Detailliert kann sie eine Kette der schlimmsten Ereignisse generieren.
- Um ein katastrophales Ende zu verhindern, ist es in ihren Augen am besten, gar nicht erst etwas Neues anzufangen, nicht zu verreisen oder jegliches Abenteuer zu vermeiden.
- Es fällt ihr schwer, sich einem Problem sachlich zu nähern. Stattdessen sind ihre Reaktionen eher irrational und überzogen.
- Große Sorgen und übersteigerte Ängste sorgen dafür, dass sie keinen Abstand mehr zum eigentlichen Problem hat.
- Mit Vorliebe malt sie sich für sich selbst und die Menschen, die ihr wichtig sind, schwerste Krankheiten, Arbeitsplatzverlust, Liebesdramen, Todesfälle oder sonstige Katastrophen aus. Ihre Fantasie ist grenzenlos.
- Alle inneren Alarmglocken sind bei ihr rund um die Uhr aktiv, häufig sogar überaktiv.
- Sachliche Argumente erreichen sie nur schwer.
- Sie hat immer gleich das Gefühl, dass es ums nackte Überleben geht, niemals geht es ihr lediglich um die Lösung eines Problems.

- Verschiedene Sichtweisen auf eine Sache sind ihr fremd. Sie kennt immer nur die angstvolle Sicht auf das Leben.
- Sie will uns davon überzeugen, dass es besser sei, sich das allerschlimmste Szenario auszumalen. Das soll als eine Art Vorbereitung auf das Schlimmste dienen. Dann können wir auch nicht mehr so arg enttäuscht oder verletzt werden.

Kommt dir das alles bekannt vor? Wenn ja, nimm dir Zeit, um die folgenden Fragen in Ruhe zu beantworten:

In welchen Momenten dramatisiert deine innere Panikmacherin besonders gerne?

Was sind ihre schlimmsten Befürchtungen?

Wie reagierst du, wenn sie überall schreckliche Gefahren lauern sieht?

Bist du mit Menschen aufgewachsen, die die Zukunft gerne schwarzgesehen haben oder anderen gegenüber sehr misstrauisch waren?

DER INNERE ANPEITSCHER

Dieser ruhelose Weggefährte gönnt uns keine Minute Ruhe. Seine Liste mit Erledigungen ist endlos. Sobald wir etwas fertiggestellt haben, winkt er gleich mit dem nächsten Punkt auf der To-do-Liste – selbst wenn wir uns vollkommen verausgabt haben und eigentlich eine Pause verdient hätten. Das, was wir geschafft haben, wird von ihm nicht wahrgenommen.

Die Werte dieses Persönlichkeitsanteils sind: Perfektionismus, Effizienz, Schnelligkeit. Das anvisierte Ziel sollte dabei so schnell wie möglich erreicht werden. Und selbst wenn wir es erreicht haben, wäre in seinen Augen immer noch mehr drin gewesen.

Doch der innere Anpeitscher möchte uns eigentlich nur darin unterstützen, dass wir nicht kritisiert oder zurückgewiesen werden. Dabei ist sein Urteil aber leider oft viel zu streng.

Paul war ein begnadeter Schwimmer. Schon als Junge war er einer der Besten im Sportverein gewesen. Doch wann immer er sich mit anderen Schwimmern verglich: Es gab stets Sportler, die besser waren als er. Selbst als Profischwimmer konnte er seinen inneren Anpeitscher nicht zufriedenstellen. Gewann er die Deutsche Meisterschaft, schaute er auf die Europameister und konnte sich nicht an seinen Siegen erfreuen. Als Europameister war seine Freude ebenfalls sehr kurz. Bereits nach wenigen Tagen saß ihm der kleine Teufel im Ohr und erzählte ihm, dass ein Europameister immer noch weit entfernt sei von der Weltmeisterschaft.

Dann verletzte sich Paul beim Training und musste seine Karriere als Schwimmer an den Nagel hängen. Es dauerte lange, bis er sich die Verletzung verzieh und seine Leistungen als Europameister anerkannte. Die ständige Nörgelei seines inneren Anpeitschers hatte ihn krank gemacht. Aber das Leben hatte für ihn gesorgt, indem er gezwungen wurde, seine Karriere als Schwimmer zu beenden. Auch wenn dieser Schritt hart war, führte er dazu, dass Paul Menschen jenseits des Leistungssports kennenlernte. Darunter war eine Psychologin, die viel mit Selbstmitgefühl arbeitete und Paul darin unterstützte, sich selbst mit neuen, liebenden Augen zu begegnen.

Die Markenzeichen des inneren Anpeitschers

- Er kann gnadenlos sein, wenn es darum geht, etwas zu erreichen. Er will immer nur das Beste für dich. Das Beste kannst du seiner Meinung nach nur erreichen, wenn du das Maximum aus dir herausholst. Allerdings gibt es dabei ein Problem: Je mehr du dich anstrengst, desto höher setzt er gleichzeitig die Messlatte. Er hat dich erfolgreich in die Perfektionismusfalle gelockt und verwehrt dir nun den Ausgang.
- Er peitscht dich an, das Ziel so schnell wie möglich zu erreichen. Er tut sich schwer damit, dir Pausen zuzugestehen. Das Ziel solltest du nicht nur schnell, sondern am besten sofort erreichen. Dabei nimmt er keine Rücksicht darauf, ob du gerade müde, erschöpft, überfordert oder urlaubsreif bist.

- Er ist getrieben von einem großen Bedürfnis, dich zur Erreichung immer neuer und immer noch höherer Ziele anzuspornen. Diese sollten sich von denen der anderen kilometerweit abheben.
- Hinter selbst gesteckten Idealen und Vorstellungen zurückzubleiben, kommt für ihn einem Komplettversagen gleich. Dabei ist es egal, ob du nur noch einen Millimeter von diesem Ideal entfernt oder ewig weit weg bist. Davon abgesehen sind seine Ideale sowieso weit höher als die der meisten Menschen.
- Sein Hunger, von anderen Menschen geliebt zu werden und Anerkennung zu bekommen, ist nicht zu stillen.
- Für ihn kann es nur Schwarz oder Weiß geben, vollkommen oder wertlos. Grautöne und die verschiedenen bunten Farben des Lebens kennt er nicht.

Fühlst du dich auch von einer inneren Stimme andauernd zu Höchstleistungen angetrieben? Wenn ja, nimm dir ein bisschen Zeit, um dir die folgenden Fragen in Ruhe durchzulesen und durchzudenken:

Gab oder gibt es Menschen in deinem Umfeld, die sich selbst und/oder dich nur über Leistungen definiert haben?

In welchen Situationen peitscht er dich besonders gerne an?

Wie reagierst du, wenn dein innerer Anpeitscher erklärt, dass du arbeiten sollst, statt dich zu entspannen oder dich auszuruhen?

EVERYBODY'S DARLING

Diese innere Teilpersönlichkeit stellt sich bei Disharmonien als Erstes immer selbst infrage. Sie ist von Haus aus immer die Schuldige und fühlt sich für Disharmonien verantwortlich. Meinungsverschiedenheiten hält sie schlecht aus, weil Harmonie immer das Allerwichtigste ist. Deshalb tut sie alles, um Auseinandersetzungen zu vermeiden und den lieben Frieden in der Familie, im Freundeskreis oder in der Arbeit nicht zu stören. Selbst wenn sich alle anderen über unsere Person hinwegsetzen, bleibt sie freundlich und hilfsbereit.

Auch dieser innere Saboteur meint es nur gut mit uns. Um uns vor Liebesverlust zu schützen, werden die Bedürfnisse der anderen an die erste Stelle gestellt. Die eigenen Wünsche und Bedürfnisse hingegen stehen ganz, ganz weit hinten. Manchmal fallen sie sogar hinten runter, sodass wir sie nicht einmal kennen. Die Achtsamkeit hilft uns hier, Schritt für Schritt ein gesundes Maß an Egoismus zu entwickeln.

Frank war ein freundlicher Mann und bei seinen Kollegen sehr beliebt. Wenn zusätzliche Arbeit in der Firma, in der er arbeitete, zu vergeben war – Frank nahm sie immer an. Wenn Freiwillige gesucht wurden – Frank war der Erste, der sich meldete, obwohl er mit seiner eigenen Arbeit oft an der Grenze der Belastbarkeit war. Anderen zuliebe verzichtete er oft auf seinen wohlverdienten Feierabend, nur um Kollegen oder Freunden zur Seite zu stehen. Eine leise Stimme hinderte ihn daran, sich selbst zu erholen. Sie flüsterte ihm immer ins Ohr: »Du kannst deinem Kollegen die Bitte nicht abschlagen. Was soll er denn von dir denken?« Irgendwann entwickelte Frank so starke Migräneanfälle, dass sein Körper begann, sich gegen die Überforderungen zu wehren. Er forderte von Frank, sich mehr um sich selbst zu kümmern, was er zum Glück auch tat.

Die Markenzeichen vom Everybody's Darling

- Er liest allen Mitmenschen die Wünsche von den Augen ab – doch uns übersieht er dabei vollkommen.
- Er vermittelt uns das Gefühl, dass wir anderen zur Last fallen. Das macht er so gut, dass wir uns nicht mehr trauen, eigene Wünsche oder Bedürfnisse zu äußern. Der leiseste Anflug, eigene Bedürfnisse in Beziehungen zu formulieren, wird blitzschnell mit folgenden Appellen zunichtegemacht: »Fordere nicht so viel von anderen, sonst wirst du sie verlieren. Enttäusche niemanden. Tanze nicht aus der Reihe, sonst könnten andere schlecht über dich denken. Benimm dich, sonst stehst du bald allein da.«

- Wenn es in unseren Beziehungen zu Streitigkeiten kommt, sorgt er dafür, dass wir uns immer wie ein kleines Kind fühlen, das etwas Schlimmes getan hat und dem deshalb die Liebe entzogen wird.
- Akribisch sucht er die Schuld immer nur bei uns.
- Ein Gefühl für »richtig« und »falsch« in Bezug auf unsere Bedürfnisse oder Rechte untergräbt er erfolgreich.
- Er sorgt dafür, dass wir ehrenamtlich arbeiten, obwohl wir eigentlich schon mit unserem aktuellen Arbeitspensum überfordert sind.
- Er trichtert uns ein, dass wir erst durch die Akzeptanz und die Annahme der anderen zu jemandem werden.
- Sein Harmoniebedürfnis kann sich auf eine ganze Gruppe wie die Familie, Freunde oder Arbeitskollegen ausweiten. Dann sind wir es, die Treffen organisieren, Feste vorbereiten und dafür sorgen, dass alles reibungslos abläuft. Wir fühlen uns für das Wohl der Gäste verantwortlich. Sollte es nur einem einzigen Gast nicht gefallen haben oder jemand beim Essen das Gesicht verziehen, haben wir gleich das Gefühl, vollends versagt zu haben.
- Ob unsere Mitmenschen uns nur ausnutzen, eiskalt oder überhaupt nicht an uns interessiert sind, können wir nicht erkennen, solange wir ihm glauben: Wir halten an schädlichen Beziehungen fest, bleiben

in ausbeuterischen Unternehmen und gehen zu Veranstaltungen, die uns nicht interessieren und auf denen wir uns unwohl fühlen, nur weil wir nicht Nein sagen konnten.

Hast du das teilweise wiedererkannt? Dann untersuche diesen inneren Anteil mit den folgenden Fragen weiter:

Welchen Menschen gegenüber bist du immer höflich und zurückhaltend, aus Angst, sie sonst zu verlieren?

Wie reagierst du, wenn Freiwillige gesucht werden, du aber selbst schon an deiner Belastungsgrenze angelangt bist?

DIE INNERE SPASSBREMSE

Dieser innere Persönlichkeitsanteil tut sich schwer, sich mit den schönen Seiten des Lebens zu verbinden. Er hat Angst, dass er das, was er liebt und was ihm Freude macht, wieder verlieren könnte. Um dem vorwegzugreifen, riskiert er lieber nichts.

Auch dieser Persönlichkeitsanteil möchte uns schützen. Er möchte uns den Schmerz ersparen, den ein möglicher Verlust mit sich bringen würde. Der Verzicht auf die schönen Erfahrungen macht das Leben jedoch farblos und langweilig. So vermeiden wir das Leben selbst.

Michaela war Veganerin. Noch bevor sie das wurde, hatte sie schon auf diversen Restriktionen bestanden: Eine Einladung durfte nicht zu spät erfolgen, das Wasser auf gar keinen Fall aus dem Hahn kommen und der Kuchen niemals Zucker enthalten. Für spontane Aktivitäten war Michaela nie zu haben, egal ob es um einen Kinobesuch oder einen Spieleabend mit Freunden ging: Sie lehnte kategorisch ab. Unangemeldeter Besuch war ein absolutes No-Go, gegen Alkohol, laute Musik und ausgelassenes Tanzen war sie allergisch und zum Lachen ging sie in den Keller.

Mithilfe der Achtsamkeit erkannte sie, dass leidvolle Erfahrungen zum Leben gehören und dass die Kunst des Lebens darin besteht, den gegenwärtigen Moment zu genießen, ohne daran festzuhalten.

Die Markenzeichen der inneren Spaßbremse

- Sie kommt dann zum Vorschein, wenn es darum geht, über die Stränge zu schlagen oder mal Dinge zu tun, die außerhalb der Norm sind. Bei ihrem Versuch, diese Ausbrüche zu stoppen, kommt sie sich sehr rechtschaffen vor.
- Ihr Lieblingswort ist: Nein! Und noch mal: Nein!
- Sie vermeidet alles, was das Leben lebenswert und spannend macht. Ihre Angst vor schrecklichen Er-

fahrungen, potenziellen Gefahren und möglichen Katastrophen ist überzogen und realitätsfern.

- Ihr Motto lautet: »Was du nicht probierst, kann dir auch nicht schaden!« Das Problem dabei ist, dass viele Wünsche, Bedürfnisse und Gefühle dadurch unterdrückt werden.
- Sie liebt alle Regeln, die das Leben einengen und Spaß reduzieren.

Wenn dir das bekannt vorkommt, frage dich:

In welchen Situationen ist deine Spaßbremse besonders aktiv?
Woran erkennst du sie?
Welches ist ihre größte Angst?
Welche Comicfigur erinnert dich an sie?

DIE INNERE SABOTEURIN

Dieser innere Persönlichkeitsanteil ist vielen meiner Kursteilnehmer besonders gut bekannt. Es ist der innere Querschießer, der Dinge gerne auf die lange Bank schiebt. Ich nenne ihn den Wenn-dann-Teil. Er meldet sich besonders gerne, wenn wir etwas in unserem Leben ändern wollen. Wenn wir zum Beispiel eine schlechte Gewohnheit durch eine gute Gewohnheit ersetzen wollen. Wenn wir anfangen wollen, regelmäßig Sport zu treiben oder zu meditieren. Immer dann gibt es diesen einen Persönlichkeitsteil, der das ganze gut gemeinte Unternehmen sabotiert. Die innere Saboteurin sagt gerne: »Wenn du noch eben die Mail schreibst, kannst du zum Sport gehen.« Wir schreiben die Mail, aber dann kommt sofort die nächste Aufforderung: »Wenn …, dann …« Die innere Saboteurin ist sehr erfinderisch, wenn es darum geht, Aktivitäten, die uns guttun würden, auf die lange Bank zu schieben. Gleichzeitig fällt es ihr schwer, sich von Menschen oder Umständen zu verabschieden, die uns schaden. Wenn wir beispielsweise eine Bewerbung schreiben möchten auf eine Stellenanzeige, die unserer Qualifikation entspricht, fühlen wir uns plötzlich zu müde, wenn es darum geht, das Schreiben aufzusetzen. Infolgedessen bleiben wir in einer Firma, in der wir uns unwohl und unterfordert fühlen. Anstatt uns dem zuzuwenden, was uns stärkt, stellt sich die innere Saboteurin immer wieder in den Weg und vermeidet, dass wir das tun, was uns guttut.

Natürlich möchte auch dieser Persönlichkeitsanteil uns schützen. Er möchte uns vor der Peinlichkeit bewahren, uns selbst eingestehen zu müssen, dass wir wieder mal nichts durchhalten, dass wir zu faul sind, einmal in der Woche in den Sport zu gehen, oder dass wir zu planlos sind, um regelmäßig zu meditieren. Er möchte uns auch davor schützen, dass wir die erhoffte Stelle nicht erhalten – deshalb überschüttet er uns mit Müdigkeit. Dann müssen wir den Schmerz der Absage gar nicht erst spüren und uns auch nicht daran erinnern, dass wir schon so viele Absagen im Schrank haben.

Solange die innere Saboteurin im Regiestuhl unseres Lebens sitzt, kann es auf Dauer langweilig werden in unserem Leben. Es kann passieren, dass wir unsere wahre Bestimmung verpassen. Wer nicht wagt, der gewinnt nicht, lautet ein Geheimnis des Lebens.

Cordula war eine sehr kreative Fotografin. Ihre Aufnahmen kamen bei ihren Kunden sehr gut an. Trotzdem brachte sie es nicht auf die Reihe, ihr Fotostudio auf solide Beine zu stellen. Sie scheiterte immer an Aktionen, die ihren Erfolg sichern würden. Ihr Vorhaben, eine Website zu machen, scheiterte mal am Geld, dann wieder an der Zeit, sich in Ruhe hinzusetzen, um ein Konzept dafür zu erarbeiten. Von außen betrachtet waren ihre Argumente schwer nachvollziehbar. All die Schwierigkeiten, die emotional und körperlich an ihr zehrten, kosteten sie viel mehr Zeit und Geld, als wenn sie mit ihren einmaligen und künstlerisch hochwertigen Fotos ein eigenes Studio eröffnet hätte. Cordulas Chaos krönte die Beziehung zu einem Mann, der sie misshandelte. Obwohl ihre Freunde von Anfang an abgeraten hatten, sich auf ihn einzulassen, wollte sie weder vor sich selbst noch vor den anderen zugeben, dass sie sich in ihm getäuscht hatte. Ihr Leben änderte sich erst, als sie in eine Depression rutschte und sie sich in einer Klinik intensiv mit sich und ihrer inneren Saboteurin auseinandersetzte.

Die Markenzeichen der inneren Saboteurin

- Wenn es ums Neinsagen geht, ist die innere Saboteurin noch viel konsequenter als die innere Spaßbremse. Sie sabotiert alles und jeden, der uns guttut. Stattdessen klebt sie an Menschen, die uns schaden, und an Dingen, die uns früher oder später krank machen.
- Sie ist hart wie Stahl, wenn es um die Einhaltung von Prinzipien geht. Anstatt dadurch innere Freiheit und Weite zu erlangen, führt ein Leben mit diesen Prinzipien immer mehr in die Ausweglosigkeit und Verzweiflung.
- Niemand fährt uns mit so entschlossener Selbstzerstörung vor die Wand wie sie. Macht und Kontrolle abzugeben, ist für sie unmöglich. Delegieren kann und will sie nicht.
- Ihre eigene Belastungsgrenze kann sie sich selbst und anderen nicht eingestehen. Deshalb peitscht sie uns erbarmungslos an, bis wir ausbrennen, vollkommen erschöpft zusammenbrechen oder tot umfallen.
- Wenn wir ihr die Wurzel des Problems erklären, ist sie nicht bereit, etwas zu verändern. Wenn wir beispielsweise Geldprobleme haben, sind wir nicht bereit, auf Besuche in teuren Restaurants zu verzichten. Wenn wir zu viel Wein trinken, hindert uns das aber daran, konzentriert einer Tätigkeit nachzugehen.

Statt weniger zu trinken, nimmt unser Alkoholkonsum sogar zu.
- Konstruktive Lösungen verliert sie sehr gerne und sehr schnell aus den Augen. Sie findet viele Argumente, warum sie sich den Lösungsvorschlägen nicht widmen sollte, und schiebt dabei die Schuld gerne anderen Menschen in die Schuhe. Sie macht andere auch dafür verantwortlich, wenn etwas nicht klappt oder wir krank werden. Wenn nicht die anderen schuld sind, dass wir nicht in die Gänge kommen, um ein Projekt anzufangen oder abzuschließen, ist es eben das Leben an sich, Pech oder einfach Schicksal.
- Sie möchte uns vor Unheil schützen und deshalb rät sie uns, Veränderungen am besten gleich sein zu lassen. Chancen werden gerne mit einem »Ja, aber …« ausgeschlagen.

Hat deine innere Saboteurin in deinem Leben schon ganze Arbeit geleistet und Situationen geschaffen, die ein Problem nur noch größer gemacht haben? In welchen Situationen ist deine Saboteurin besonders aktiv?

DER INNERE HOCHSTAPLER

Dieser Persönlichkeitsanteil ist der Ansicht, dass wir all die Bestätigungen, die wir erhalten, eigentlich nicht verdienen.

Dabei ist es egal, wie schnell wir befördert werden, ob wir große Anerkennung erhalten oder was wir erreicht haben. Der Hochstapler flüstert uns immer wieder ins Ohr, dass es noch nicht passt. Das Besondere an ihm ist, dass, je mehr Erfolg wir haben, desto größer die Versagensängste werden und desto mehr die Selbstzweifel an uns nagen. Während Menschen, die ein geringes Selbstwertgefühl haben, irgendwann durch positive Erfahrungen erkennen, dass sie durchaus in der Lage sind, Herausforderungen zu meistern, scheint dieser Persönlichkeitsanteil jeden Erfolg sofort aus der Erinnerung wegzuwischen.

Markus war ein erfolgreicher Buchautor. Seine Werke wurden in zahlreiche Sprachen übersetzt. Er hatte eine treue Leserschaft, die ihm schrieb und sich bei ihm bedankte. Seine Tipps hatten vielen Menschen geholfen. Manche Leser hatten sogar mehrere Bücher von ihm gekauft.

Wenn er als Teilnehmer ein Seminar besuchte, traute er sich nie, Fragen zu stellen. Besonders dann nicht, wenn ihn andere Teilnehmer angesprochen hatten, weil sie ihn als Autor erkannt haben. Er glaubte, wenn er auch nur eine einzige Frage stellte, würden all die Menschen erkennen, dass er keine Ahnung hatte. Dann würden sie merken, dass er den ganzen Erfolg nicht verdient hatte und wie wenig er in Wahrheit wusste.

Eines war Markus zu diesem Zeitpunkt tatsächlich nicht klar: Niemand ist perfekt! Und jede Frage, die er stellen könnte, ging vermutlich mindestens drei weiteren Teilnehmern gerade durch den Kopf.

Die Markenzeichen des inneren Hochstaplers

- Er vermittelt uns gerne das Gefühl, dass wir Lob und Erfolg nicht verdient haben.
- Er unkt ständig, dass wir gefeuert werden, wenn die anderen herausfinden, wer wir wirklich sind: ein Taugenichts, ein Hochstapler, eine Blenderin. Zumindest wären sie über alle Maßen enttäuscht.
- Je erfolgreicher wir werden, desto mehr Selbstzweifel flüstert uns der Hochstapler ins Ohr.
- Der innere Druck, noch besser, schneller oder erfolgreicher zu werden, steigt mit jedem Erfolg, den wir haben.
- Wir glauben nicht nur, dass wir uns selbst in uns täuschen, sondern haben Schuldgefühle, wenn andere an uns glauben. Dann meinen wir, dass wir sie getäuscht hätten. Wir haben große Angst, dass diese Menschen unsere Unfähigkeit irgendwann erkennen und dann sehr enttäuscht sind von uns.
- Erfolge werden darauf zurückgeführt, dass wir einfach nur Glück hatten.

Wenn dir das bekannt vorkommt, frage dich:

In welchen Situationen ist dein innerer Hochstapler zur Stelle?

Wie macht er deinen Erfolg klein und unbedeutend?

Wird er erst aktiv, wenn dir jemand Anerkennung schenkt, oder ist er schon vorher präsent?

Erinnert er dich an eine Person, die dir im Laufe deines Lebens schon einmal begegnet ist?

Welche Comicfigur erinnert dich an ihn?

DIE INNERE WISSENSCHAFTLERIN

Dieser innere Persönlichkeitsanteil ist besonders in akademischen Kreisen weitverbreitet. Er baut auf Sicherheit und sorgt dafür, dass sich unser Leben in äußerst engen Bahnen abspielt. Dadurch verlieren wir das Gefühl dafür, was uns wirklich guttut. Wir überhören den Ruf unserer Seele und verpassen dadurch unter Umständen das Leben, das uns vorbestimmt ist.

Die innere Wissenschaftlerin hasst Unvorhergesehenes und hat wenig Sinn für Romantik. Schenken wir ihr zu viel Aufmerksamkeit, wird sich unser Leben mit der Zeit schal anfühlen. Wir werden abgeschnitten von unserem sechsten Sinn und übersehen dadurch womöglich die Magie und die Wunder des Lebens, die nur darauf warten, dass wir sie erkennen und uns von ihnen verzaubern lassen.

Auch dieser innere Persönlichkeitsanteil möchte uns vor etwas schützen. Die innere Wissenschaftlerin möchte uns beispielsweise davor schützen, dass wir uns in Sekten verlieren oder irgendwelchen Gurus zum Opfer fallen.

Karin war eine promovierte Psychologin. Nach ihrer Doktorarbeit hatte sie zahlreiche Weiterbildungen - unter anderem im Bereich Meditation - besucht. In ihrer Arbeit war sie sehr gut. Sie hatte neben einer umfassenden Kenntnis verschiedenster Methoden auch ein enormes Feingefühl für die Nöte und Bedürfnisse anderer Menschen. Sie hatte auch eine visionäre Ader, der sie nicht traute. Sie konnte viele Dinge vorhersehen, hatte ein gutes Bauchgefühl, was ihre Entscheidungen betraf, und eine enorme Anbindung an das Numinose. Sie hatte Träume, die ihr die Zukunft zeigten. In manchen meldeten sich verstorbene Ahnen, um Mitteilungen zu machen. Sie glaubte jedoch nichts davon. Es sei wissenschaftlich nicht bewiesen, dass es so etwas gebe. Dadurch übersah sie in meinen Augen so manchen wohlgemeinten Rat aus einer Welt, die für unseren Verstand nicht fassbar ist, den es meiner Erfahrung nach trotzdem gibt.

Die Markenzeichen der inneren Wissenschaftlerin

- Sie glaubt nur das, was sie sieht. Sie vertraut nur der Wissenschaft und nur den Dingen, die verifiziert worden sind.

- Wenn sich unsere Intuition meldet und wir wissen, was der nächste Schritt ist, den wir in unserem Leben tun müssen, schießt sie gerne dazwischen. Besonders dann, wenn es in ihren Augen irrationale Entscheidungen sind.
- Zu viel körperliche Nähe ist ihr suspekt. Sie lebt ihr Leben als Kopffüßler. Dabei vergisst sie leider häufig, dass sie auch einen Körper besitzt, der gepflegt werden will und der auch Spaß an Sinnlichkeit hat.
- Ihr Mitgefühl für Herzensangelegenheiten ist äußerst begrenzt.

Gibt es eine Stimme in dir, die Dinge, die du nicht mit dem Verstand erfassen kannst, als »esoterisch«, als Hokuspokus oder als Schwachsinn abtut? Wenn dem so ist, solltest du dich mit diesem Persönlichkeitsanteil etwas intensiver beschäftigen. Dabei können folgende Fragen hilfreich sein:

Was tut die innere Wissenschaftlerin gerne als Spinnerei, Esoterik oder Humbug ab?

Wie stellt sie deine Intuition infrage?

Welches ist ihre größte Angst?

Gab oder gibt es Menschen, die deine Verbindung zur Spiritualität lächerlich gemacht haben oder machen?

DER INNERE SOLDAT

Dieser innere Persönlichkeitsanteil zeichnet sich durch eine hohe Aggressionsbereitschaft aus. Er kämpft permanent – entweder gegen sich selbst oder gegen andere. Er sieht in allem und jedem eine Gefahr. Auch in den Menschen, die ihn lieben oder ihn unterstützen möchten.

An den inneren Soldaten musste ich denken, als ich über die Geschichte von T. Nakamura[2] stolperte. Er diente im Zweiten Weltkrieg in der kaiserlich-japanischen Armee als Soldat. Man schickte ihn auf die Insel Morotai, um gegen die Alliierten zu kämpfen. Er wurde als Guerilla entsandt und sollte die Feinde aus dem Hinterhalt angreifen. Deswegen versteckte er sich im Innern der Insel. Das Kriegsende bekam er demzufolge gar nicht mit, und so lebte er bis 1974 unentdeckt auf der Insel in dem Glauben, dass der Krieg immer noch in vollem Gange sei.

Die Markenzeichen des inneren Soldaten

- Bei Komplimenten vermutet er stets eine hinterhältige Absicht.
- Möchte uns jemand auf einen Fehler hinweisen, fühlt er sich sofort angegriffen und existenziell bedroht. In der Folge reagiert er äußerst gereizt und aggressiv nach dem Motto »Angriff ist die beste Verteidigung«.

- Wie ein Wachhund oder ein Gefängniswächter passt er auf. Dabei schießt er gerne mal übers Ziel hinaus.

Wenn dir das oben Genannte bekannt vorkommt, frage dich:

Gibt es auch in dir einen solchen Persönlichkeitsanteil?
In welchen Augenblicken tritt dein innerer Soldat auf?
Woran erkennst du ihn?
Kämpft er mehr gegen andere oder bist du selbst sein schlimmster Gegner?
Was triggert seine Aggressionen besonders?
Welches ist seine größte Angst?

Sollte st du diesen inneren Kritiker bemerkt haben, nimm dir ein paar Minuten Zeit, um liebevoll mit ihm zu atmen.

Übung: Sanftes Atmen mit dem inneren Persönlichkeitsanteil

Komm in eine Haltung, die es dir leicht macht, dich zu entspannen. Sorge dafür, dass du dich wohlfühlst und es dir möglich ist, 10 bis 20 Minuten in dieser Haltung zu verweilen. Schließe deine Augen, wenn du möchtest. Ansonsten lasse sie leicht geöffnet.

Atme jetzt einige Male sanft ein und aus, um ganz im gegenwärtigen Moment anzukommen. Versuche, mit jedem Ausatmen mögliche Anspannungen loszulassen.

Wenn es sich gut für dich anfühlt, lege eine Hand auf eine Stelle deines Körpers, die dich unterstützt, ganz bei dir zu sein. Vielleicht ist es dein Herzraum, vielleicht dein Bauchraum. Mache dir über diese liebevolle Berührung bewusst, dass du dich dir selbst und deinem inneren Persönlichkeitsanteil auf sanfte Weise annäherst oder begegnest.

Atme nun weiter sanft ein und aus. Nimm wahr, wie dein Körper durch diese sanfte Atmung auf wunderbare Weise Anspannungen loslassen kann. Du kannst dir auch sagen: Einatmend wird dein Körper durch die Atmung genährt, ausatmend entspannt er sich.

Schau, ob es dir möglich ist, das Tun sein zu lassen, sodass nur dein Körper atmet. Du kannst dich derweil entspannen. Für dich gibt es in diesem Moment nichts zu tun. Öffne dich achtsam für den Rhythmus deines Ein- und Ausatmens.

Stelle dir vor, dass auch dein innerer Persönlichkeitsanteil da ist und er ebenso liebevoll mit deinem Atem genährt wird. Wende dich deinem Persönlichkeitsanteil jetzt so zu, als würdest du dich einem geliebten Menschen zuwenden, einem kleinen Tierwelpen oder einem kleinen Kind. Schenke auch ihm das Gefühl, dass der Atem ihn nährt und er mit jeder Ausatmung entspannen kann.

Nimm wahr, wie der ganze Körper sanft von den Wellen des Atmens bewegt wird. So wie die Wellen des Meeres, so lauscht dein innerer Persönlichkeitsanteil jetzt den Wellen deines Atmens und kann sich in diesen natürlichen, sanften Rhythmus hinein entspannen.

Solltest du dich anspannen, nimm das einfach wahr.

Äußert sich der innere Persönlichkeitsanteil kritisch, nimm auch das wohlwollend wahr.

Vielleicht kannst du ihn auch in den Arm nehmen, während du ihn wahrnimmst. Du musst nichts »machen«. Wenn es geschieht, ist es wunderbar. Wenn nicht, lass wieder los von der Idee.

Erlaube dir, mit allem, was da ist, mit deinem Körper, deinen inneren Anteilen, deinem Widerstand, deiner Sehnsucht, deiner Liebe und deiner Angst, sanft gewiegt zu werden.

Lass zu, dass du dich ganz deinem Atem hingibst.

Vielleicht ist es dir möglich, ganz zum Atem zu werden.

Verweile hier ein paar Minuten und komme dann wieder zurück.

Sollte sich dein innerer Persönlichkeitsanteil gezeigt haben und zusammen mit dir geatmet haben, bedanke dich bei ihm.

Wiederhole diese Übung immer wieder. Sie wird es dir leichter machen, mit deinen inneren Teilpersönlichkeiten Frieden zu schließen.

LEITSÄTZE DER INNEREN PERSÖNLICHKEITSANTEILE

- Unsere vermeintlichen Beschützer hindern uns daran, uns auszuprobieren. Durch eindringliche Appelle setzen sie uns Grenzen, die dafür sorgen, dass wir unsere gewohnten Rollen nicht infrage stellen. Schließlich wollen sie den Regiestuhl ungerne verlassen. Neues und Buntes steht nicht im Drehbuch. Bei dem Versuch, innerlich auszubrechen, bekommen wir Ansagen zu hören, die wie Mauern wirken.
- Doch es gibt Erfahrungen, die auf uns warten und die das Leben lebenswert und bunt machen. Kreativität, Abwechslung, Abenteuer, verantwortungsvolle Jobs, bereichernde Beziehungen, Zeit für die eigene Entfaltung, das Entdecken innerer Kraftquellen. Das alles wartet auf uns.
- Bevor wir uns aber ganz in das Abenteuer Leben hineinbegeben können, um daran zu wachsen, ist es wichtig, die bewährten Strategien der inneren Saboteure zu erkennen. Besonders gerne flüstern sie uns Sätze ins Ohr, die dafür sorgen, dass uns Mut, Neugierde und Kreativität sofort wieder verlassen.

Ansagen der inneren Kritiker oder Saboteure sind beispielsweise:

- Du bist nichts wert.
- Verliere nicht die Kontrolle.
- Wenn du weiterhin so trödelst, wird das nichts mehr.
- Du bist nicht gut genug.
- Du musst mehr tun, um geliebt zu werden.
- Du bist zu blöd.
- Du bist wertlos.
- Du schaffst das nicht.
- Alles, was du anpackst, geht in die Hose.

Hinsichtlich deiner Beziehungen gibt es diese Ansagen:

- Niemand sieht dich wirklich.
- Vertraue niemandem.
- Du bist allein.
- Du bist schuld, wenn andere dich verlassen.
- Keiner liebt dich wirklich.
- Du musst immer Rücksicht nehmen auf die Bedürfnisse der anderen.
- Du wirst verlassen.
- Immer musst du die Starke sein.
- Du bist hilflos.

Sätze wie diese hören wir, wenn wir unter Stress stehen, wenn uns neue Herausforderungen locken oder uns das Leben neue Möglichkeiten bietet, um unseren Horizont zu erweitern. Wenn wir die Stimmen nicht erkennen, bleiben wir langfristig in unserer Sicherheitszone. Dann wird sich nicht viel in unserem Leben und in unseren Beziehungen ändern. Werden wir hingegen achtsamer, werden wir mit der Zeit bei solchen Sätzen hellhöriger. Dann erkennen wir in einem ersten Schritt, wer zu uns spricht. Und in einem weiteren Schritt können wir uns ein Herz fassen und einen Schritt aus unserer Sicherheitszone heraustreten. Trauen wir uns dies, werden wir die Erfahrung machen, dass es noch viel Schönes und Spannendes zu entdecken gibt.

TEIL 3: ROLLENTAUSCH: DIE ERWACHSENE ÜBERNIMMT DIE REGIE

Worauf wartest du noch?
Heute ist der beste Tag,
um ein glückliches Leben zu beginnen.

Herzlichen Glückwunsch! Wenn du das Buch bis hierher gelesen hast, zeigt das, dass du bereit bist, deinen inneren Saboteuren den Regiestuhl streitig zu machen. Das ist ein gutes Zeichen. Ein Zeichen dafür, dass die Erwachsene in dir bereit ist, einen neuen Kurs einzuschlagen, und du realisierst, dass auch du glücklich sein darfst. Ja, genau! Auch du darfst den Platz einnehmen, der dir zusteht, und die Rollen auf der Bühne deines Lebens neu verteilen.

DAS EIGENE HERZ ERWECKEN

Lass dich nieder in der unendlichen Weite deines eigenen Herzens.

Jetzt ist die Erwachsene in dir gefragt. Es ist an ihr, den Kurs zu bestimmen. Dieses Buch zu lesen, ist ein heilsamer Schritt zur Selbstermächtigung. Wenn wir mit den Augen der Erwachsenen auf unsere inneren Wächter schauen, ist es so, als würde eine Türe in unserem Inneren aufgehen. Es ist die Türe zu unserem Herzen. Wir erkennen, wie sehr unsere inneren Querschläger uns eigentlich schützen wollen. Und wir erkennen, wie klein, jung und zerbrechlich sie hinter ihrer harten Fassade sind. Öffnen wir die Türe zu unserem Herzen, kann dies mit sehr viel Traurigkeit einhergehen. Wir betrachten uns zum ersten Mal von einem anderen Ort aus. Wir fühlen mit ihnen. Wir fangen an, Bewusstheit, Verständnis und Freundlichkeit uns selbst gegenüber zu entwickeln. Wir beginnen, unserem Leid mit tiefem Mitgefühl und Verständnis zu begegnen. Wir fangen an, Gefühle der Scham, der Freude, der Traurigkeit, des Glücks zuzulassen und tief zu empfinden. Wir werden berührbarer. Wir werden lebendiger. Wir werden wir selbst.

Unter Umständen befindest du dich gerade in einer schweren Krise und weißt gar nicht, wie du es schaffen sollst, deine inneren Kritiker zu bändigen. Vielleicht hast du das Gefühl, dass du sowieso schon genug um die Ohren hast, um dein Leben zu bewältigen. Aber sei zuversichtlich! Mach dir bewusst, dass auch andere Menschen ähnliche Erfahrungen machen wie du. Das Leben hält immer alles für uns bereit: Gewinn und Verlust. Hochphasen und Krisen. Vergnügen und Schmerz. Innere Kritiker und innere Heiler.

Davon abgesehen bist du nicht die Einzige, in der innere Kritiker wohnen. Wenn mir Teilnehmer in meinen Kursen von leidvollen Erfahrungen erzählen, die dazu geführt haben, dass sie innere Saboteure installiert haben, frage ich meist in die Runde, wer eine solche Erfahrung auch gemacht hat. Es sind immer einige dabei, die ihre Hand heben. Auch wenn es um die Annäherung und intensive Beschäftigung mit diesen inneren Widersachern geht, frage ich das bei den Teilnehmern ab. Auch hier gibt es viele, die sich diesen Widersachern angenähert haben und viel Heilung erfahren konnten. Schwierigkeiten gehören zum Leben. Aber sie beinhalten auch immer die Chance, uns näherzukommen – und im besten Fall ganz in uns anzukommen. Wenn wir uns bewusst machen, dass gerade jetzt in diesem Moment viele Menschen auf der Welt mit ihren inneren Saboteuren kämpfen, kann dadurch ein Gefühl von Verbundenheit entstehen. Und wenn wir uns dafür öffnen, dass es ebenso viele Menschen gibt, die durch Achtsamkeit und Selbstmitgefühl gelernt haben, einen liebevolleren und bewussteren Umgang mit ihren

Querulanten zu entwickeln, kann das Erleichterung und Verständnis für uns selbst und andere Menschen freisetzen.

Innere Wächter sind da, um uns zu schützen. Schmerzhaft wird es, wenn wir sie als die Erwachsenen, die wir heute sind, weiterhin ignorieren. Wenn wir vor ihnen weglaufen oder sie verdrängen, werden sie sich auch weiterhin gegen uns wenden. Wenden wir hingegen den Blick nach innen und beschäftigen wir uns mit dem eigenen Schmerz, den eigenen Verletzungen, werden die inneren Kritiker ihre Macht über uns verlieren, und dann wird es nicht mehr darum gehen, perfekt oder erfolgreich zu sein. Dann wird es darum gehen, ein zufriedenes Leben zu führen. Mit einer solchen Entscheidung findet tiefe innere Wandlung statt.

Übung: Öffne dein Herz

Nick dir aufmunternd zu,
selbst wenn der innere Kritiker den Kopf über dich schüttelt.

Schau auf das Gute in dir,
selbst wenn dein innerer Kritiker es verleugnet.

Geh deinen Weg,
auch wenn dein innerer Saboteur dich immer wieder in die Irre führt.

Steh wieder auf,
selbst wenn er dir immer wieder ein Bein stellt.

Öffne dein Herz,
und du wirst erkennen, dass alle inneren Anteile in dir immer nur das Beste für dich wollen.

DIE BÜHNE DER INNEREN FREIHEIT

Werde zum Star deines eigenen Films.
Wer sonst könnte diese Rolle besser einnehmen als du?

Wir können die Rollen ändern: uns selbst auf den Regiestuhl setzen, uns selbst die Rolle geben, die uns zusteht – wir werden zum Helden oder zur Königin unseres eigenen Films. Wir können das Bühnenbild neu gestalten und auch die Schauspielerrollen neu besetzen. Dafür braucht es den Erwachsenen in uns, der die inneren Kritiker höflich, wohlwollend und achtsam bittet, andere Rollen zu übernehmen. Schließlich ist es an der Zeit, uns selbst mit einer herzlichen Haltung zu begegnen.

Allein mit dem Verstand kommen wir nicht weiter, wenn es darum geht, die inneren Saboteure in die Schranken zu weisen. Es braucht viel Kreativität, einen großzügigen Perspektivenwechsel, zum Teil schräge Ideen und jede Menge geduldige Selbstversuche, um sich nicht länger von diesen inneren Saboteuren blenden zu lassen. Die Übungen, die du hier im Buch findest, sind dafür genau richtig. Sie enthalten viele unterschiedliche Werkzeuge, die dich in die innere Freiheit führen können. In welcher Reihenfolge, wie oft und wann du sie anwendest, kannst du selbst entscheiden. Fest steht: Je häufiger du die Übungen machst, desto mehr werden sie deine inneren Feinde in innere Freunde verwandeln. Und aus dem Opfer wird ein selbstbewusster Mensch, der die eigenen Ressourcen kennt und aktiviert.

Eins ist sicher: Wir müssen uns nicht bis ans Ende unseres Lebens die Freude am Dasein von inneren Saboteuren vermiesen lassen. Wir können uns von ihnen befreien! Denn diese destruktiven Persönlichkeitsanteile sind erlernt, und Neurowissenschaftler wie Gerald Hüther betonen immer wieder, dass wir aufgrund der Neuroplastizität vieles von dem, was wir erlernt haben, verändern können. Eben weil unser Gehirn formbar ist, sind es auch unsere Einstellungen! Zudem sind wir mit einer großen Fähigkeit zur Selbstwirksamkeit ausgestattet. Eventuell können wir manche Anteile nicht vollständig auflösen, uns aber so ändern, dass wir in Zukunft nicht mehr von diesen destruktiven Anteilen beherrscht werden.

Das Wirksame liegt im Tun. Genauer gesagt darin, dass du deinen Geist benutzt, um dadurch dein Gehirn zu verändern. Für mich war es ein großer Schritt in Richtung inneren Frieden, als ich realisierte, wie sehr Gehirn und Geist in Wechselwirkung stehen. Als ich mich zum ersten Mal bewusst mit der Wirkung des Gehirns auf unseren Geist – und umgekehrt – beschäftigt habe, hat sich mein Verständnis von mentaler und spiritueller Arbeit maßgeblich verändert. Wenn wir unser Gehirn und unseren Geist gleichermaßen in diesen Prozess miteinbeziehen, wird er wesentlich effektiver und anhaltender sein. Ob uns dies bewusst ist oder nicht, die beiden arbeiten immer zusammen – und wenn wir diese Zusammenarbeit nutzen, können wir inneren Frieden erreichen.

Weil unser Gehirn maßgeblich an der inneren Zufriedenheit mitarbeitet, gibt es in diesem Buch immer wieder Infokästen, in denen beschrieben wird, was genau im Gehirn passiert, wenn wir geduldig und wertschätzend mit uns selbst umgehen.

Der »Blick ins Gehirn« wird dir immer wieder den Einfluss des Geistes auf das Gehirn näherbringen. In diesen Passagen lernst du, wie dein Geist dein bester Freund werden kann. Wenn du dieses Wissen in deinem Herzen trägst und es mit deinem ganzen Sein umsetzt, beginnt eine umfassende Heilung. Du wirst lernen, was in deinem

Gehirn vor sich geht, und die Wechselwirkung zwischen Gehirn, Geist und Körper besser verstehen. Dieses Verständnis hilft dir, Stimmungsschwankungen besser einzuordnen und liebevoller mit ihnen umzugehen. Es wird dir auch dabei helfen, deinen selbstkritischen Stimmen nicht mehr alles zu glauben, sondern sie als das wahrzunehmen, was sie sind: nur Gedanken.

Ein Blick ins Gehirn

Der Neuropsychologe Rick Hanson beschäftigt sich seit vielen Jahren intensiv mit der Wechselwirkung zwischen Geist und Gehirn und ist zu dem Schluss gekommen, dass sich im Gehirn neuronale Vernetzungen verändern, je nachdem, mit was wir unseren Geist füttern: Richten wir unsere Aufmerksamkeit auf Sorgen, Selbstkritik und Wut, entwickeln sich neuronale Strukturen und Dynamiken, die Angst, geringes Selbstwertgefühl und gereizte, ängstliche und misstrauische Reaktionen auf andere nach sich ziehen. Richten wir unseren Geist hingegen darauf aus, dass wir gut sind, so wie wir sind, und wenn wir das Gute in uns selbst sehen, wird unser Geist nach und nach neuronale Strukturen von innerer Stärke, Selbstvertrauen und innerem Frieden annehmen.[3] Allerdings gibt es einen Wermutstropfen: Unser Gehirn hat die Tendenz, immer erst den Blick auf das Negative zu richten. Diese Tendenz hat auch unser innerer Kritiker!

Wenn der innere Kritiker bei einem Kind einzieht, bildet sich in dessen Gehirn eine vornehmlich negative neurale Struktur, die sich in Angst, Selbstzweifel, Frustration oder Resignation zeigt. Diese negativen Tendenzen brennen sich intensiv in das Gehirn ein und vertiefen sich jedes Mal, wenn der innere Kritiker redet. Mit jeder Anklage, jedem Vorwurf noch etwas mehr. Dabei handelt es sich nicht um einen bewussten Prozess, es passiert einfach.

Der Wissenschaftler Donald Hebb erkannte bereits 1949: »Neurons that fire together, wire together.«[4] (»Neuronen, die zusammen aktiviert werden, vernetzen sich.«) Ob wir uns dessen bewusst sind oder nicht, spielt dabei keine Rolle. Das Gleiche passiert glücklicherweise auch bei positiven Äußerungen und Gedanken. Das bedeutet: Wenn wir unsere Aufmerksamkeit auf das richten, was uns nährt und stärkt, wird sich dies nachhaltig auf unser Gehirn und unseren Geist auswirken. Stärken wir regelmäßig hilfreiche Qualitäten wie Achtsamkeit, Selbstmitgefühl, Entspannung, Freude et cetera, beginnen wir, eine neue positive neuronale Struktur in unserem Gehirn zu bilden. Dadurch schwächen wir gleichzeitig die alten, negativen Strukturen. Werden alte Wege nicht mehr benutzt, wächst Gras über die Sache. Genauso verhält es sich auch in unserem Gehirn mit Nervenverbindungen.

UNSEREN PLATZ EINNEHMEN

Nimm den Platz ein,
den das Leben für dich vorgesehen hat.
Nimm ihn ganz ein.
Er ist für dich bestimmt.

Wenn wir uns den inneren Wächtern zuwenden, ist es gut, wenn wir uns erden. Häufig haben wir uns durch die scharfe Kritik der inneren Widersacher von unserem Körper abgespalten. Wenn wir uns jetzt achtsam begegnen, können wir die tiefen Wunden der emotionalen Verletzungen heilen. Damit ist gemeint, im eigenen Körper anzukommen und sich ganz in ihm niederzulassen. Ja zu sagen zu uns selbst. Zu unserem Körper.

In meinen Kursen erlebe ich immer wieder, dass Menschen sagen, dass sie das Gefühl haben, neben sich zu stehen. Sie sind nicht in ihrer Mitte. Wie auch? In ihrer Mitte war bis dahin ein innerer Kritiker. Er saß auf dem Regiestuhl. Wenn wir selbst diesen Platz einnehmen möchten, sollten wir zuerst einen Weg finden, uns zu erden. Wenn wir das getan haben, sind wir stabil und können uns den eigenen inneren Dämonen zuwenden. Wenn wir sie dann mit einem offenen, wohlwollenden Herzen benennen, werden wir erfahren, dass sie uns auf überraschende Weise unterstützen und stärken können.

Übung: Die Erde berühren

Um unseren inneren schwierigen Anteilen liebevoll begegnen zu können, ist es an der Zeit, den Platz auf unserem eigenen Regiestuhl einzunehmen und dort gut zu sitzen.

Die folgende Basismeditation stellt für mich eine grundlegende Praxis im Umgang mit schwierigen Teilpersönlichkeiten dar. Sie ist eine Art »Kernmeditation«. Deshalb ist es empfehlenswert, sie regelmäßig zu machen.

Wenn du möchtest, sprich die Anweisungen für diese Meditation und nimm dabei deine Stimme auf. So kannst du dich selbst hören, während du meditierst.

Du kannst diese Meditation auf dem Boden sitzend machen. Auf einem Meditationskissen oder direkt auf dem Boden, sodass du unmittelbar Kontakt zu Mutter Erde hast. Du kannst diese Meditation auf einem Stuhl machen, der deinen persönlichen Regiestuhl repräsentiert. Vielleicht hast du einen Stuhl, der besonders schön und stabil ist. Ein Stuhl, auf dem du automatisch ein Gefühl von Würde und Achtung entwickelst.

Suche dir eine Sitzposition aus, in der du länger sitzen kannst. Eine Haltung, in der du aufrecht sitzt und dich gleichzeitig entspannt fühlst. Du kannst dich selbst von innen aufrichten und so in eine würdevolle Haltung kommen. Achtsam und mitfühlend verweilst du im gegenwärtigen Moment.

In dieser aufrechten, wachen Haltung hast du die gleiche Position wie Buddha am Abend seiner Erleuchtung. Damals wurde die Erde ein Zeuge seines Erwachens. Heute wird Mutter Erde Zeuge, deinen Platz in deinem Leben einzunehmen, der dir als menschliches Wesen zugedacht ist.

Nachdem du deinen Platz eingenommen hast und bequem und entspannt sitzt, atme ein paar reinigende Atemzüge durch die Nase ein. Atme lösend durch den Mund aus, um loszulassen, was dich einengt.

Spüre, wie du auf dem Stuhl oder dem Meditationskissen sitzt. Lass dich auf dem Stuhl oder dem Meditationskissen nieder. Nimm deinen Sitz ganz ein.

Nimm wahr, wie du mit einer stabilen Haltung und gleichzeitig ganz entspannt deinen Platz einnimmst. Du nimmst deinen Platz jetzt ganz auf dieser Erde ein. Als Teil dieser Erde. Du bist ein Kind von Mutter Erde. Du trägst ihre Lebenskraft in dir. Nimm wahr, wie sie dich als Teil der Erde trägt, während du stark und unbeweglich dasitzt, wie ein Berg.

Jetzt, da du deinen Platz eingenommen hast, kannst du anfangen, all die Anspannungen loszulassen, die du in deinem Körper festhältst. Lass alles in die Erde zurückfließen. Nimm wahr, wie Wurzeln von deinen Füßen aus in den Boden wachsen. Nimm wahr, wie du dich immer mehr in der Erde verwurzelst. Nimm wahr, wie du dich immer mehr erdest. Spüre, wie du deinen Platz immer mehr einnimmst. Spüre, wie du anfängst, dich auf deinem Platz zu entspannen.

Beginne dann langsam, achtsam durch deinen Körper zu wandern. Nimm die einzelnen Bereiche noch einmal bewusst wahr, die jetzt angespannt sind und in denen innere Kämpfe herrschen.

Fange bei deinem Kopf an, jenem Ort, wo all die Gedanken, Erinnerungen, Ängste, Erwartungen der inneren Kritiker ihren Anfang genommen haben. Lass all die Gedanken des Zweifels, der Angst und der Wut durch deinen Körper nach unten strömen. Stell dir vor, dass du dich ab heute nach und nach befreien wirst. Dein Geist wird immer klarer.

Nimm dein Gesicht wahr. Die Anspannungen im Kiefer und im Stirnbereich. Nimm die ungeweinten Tränen um die Augen herum wahr. Lass sie durch den Körper in den Boden fließen. Entlasse all das in die Erde. In Mutter Erde.

Lass die Spannungen im Hals, im Nacken und in den Schultern nach unten Richtung Erde wandern. Nimm das Gewicht wahr, das du all die Jahre getragen hast. Du kannst es jetzt nach und nach loslassen. Du kannst es jetzt ablegen und von der Erde tragen lassen. Entspanne dich dabei und erwarte nicht, dass sich alles mit einer einzigen Meditation löst. Mach dir bewusst, dass es ein Prozess des Wandels ist. Jetzt, da du deinen Platz eingenommen hast, kann dieser Wandel geschehen.

Geh weiter zu deinen Armen, Händen, deinem Oberkörper. Nimm nach und nach den ganzen Körper wahr. Nimm wahr, wie alles aus dem Körper herausströmt, zurück in die Erde. Spüre, wie sich Anspannung löst und dein Körper sich mehr entspannt, gelöst und offen wird.

Anstatt dich weiterhin anzuspannen, sitzt du jetzt da auf deinem Stuhl oder Kissen. Würdevoll. Mitfühlend. Achtsam. Lass deine Aufmerksamkeit so durch den ganzen Körper fließen. Nimm all die Anspannungen wahr. Lass sie los. Öffne dich. Lass dich nieder auf deinem Stuhl beziehungsweise Kissen.

Dein Körper entspannt sich immer mehr, dein Rückgrat ist aufrecht. Du wirst so Zeuge, wie du immer gegenwärtiger wirst. Mit jedem Atemzug, der angefüllt ist mit Mitgefühl und Achtsamkeit, wirst du klarer, stärker und ruhiger. Ruhig wie ein Berg. Angekommen auf deinem Stuhl, auf deinem Kissen.

Ruhe in dieser Stärke, in dieser Stille. Während sich dein Körper auf diese Weise entspannt, kann sich dein Herz voller Leichtigkeit für deine inneren Wächter öffnen.

Komme dann zum Ende der Meditation. Nimm zum Abschluss noch einmal drei bewusste Atemzüge. Recke und strecke dich – und kehre gut geerdet und mit offenem Herzen für deine inneren Kritiker in deinen Alltag zurück.

DEM INNEREN ZEUGEN BEGEGNEN

Begegne dir mit einem offenen Herzen.
Das ist das schönste Geschenk,
das du dir machen kannst.

Wenn wir als Erwachsene unseren Platz auf dem Regiestuhl einnehmen, können wir mit Schwierigkeiten besser umgehen als zu der Zeit als Kind. Wir sind zu einer Instanz geworden, die erkennt, dass sie mit einem großen Reichtum an unterschiedlichsten Teilpersönlichkeiten ausgestattet ist, die nur darauf warten, eine Rolle zu bekommen. Die Erwachsene in uns besitzt die Fähigkeit, innere Distanz zu den Teilen zu entwickeln, akzeptierend und neugierig mit ihnen umzugehen. Sie greift ein, wenn ein Anteil in einer Nebenrolle meint, die Hauptrolle spielen zu müssen. Sie lenkt innere Prozesse in konstruktive Bahnen. Sie ist wie eine liebevolle Mutter, die ihre Kinder tröstet, wenn sie es brauchen, und sie dazu inspiriert, zu spielen oder mit anderen in einen konstruktiven und liebevollen Austausch zu gehen.

Wenn du deinen Platz einnimmst, wirst du bemerken, dass es in dir auch eine Weisheit gibt, die immer da ist. Sie wohnt in der Weite deines Herzens. Bislang hast du sie möglicherweise nicht gehört, weil der innere Kritiker lauter war. Ich nenne sie gerne den »inneren Zeugen« oder »den Wesenskern«, »die Stille« oder »die innere Quelle«. Dieser innere Zeuge ist immer da, egal, wie groß deine Not ist. Und er bleibt bei dir, was immer auch passiert. Selbst in den schwierigsten Momenten steht er dir zur Seite. Er sieht, dass sich alles in einem ständigen Wandel befindet. Er weiß auch, dass du die Fähigkeit besitzt, dein Leben aus einem offenen Herzen heraus zu leben. Und er weiß, dass du die Fähigkeit besitzt, gerecht und mutig zu sein, milde und mitfühlend. Diesen inneren Zeugen erkennst du in solchen Momenten, in denen du dich im Spiegel betrachtest und erkennst, dass du älter geworden bist. Allerdings fühlst du dich immer noch genauso jung. Der innere Zeuge wohnt in uns als zeitloser Zeuge des Lebens, der Göttlichkeit, des Seins. Dieser Teil, den die moderne Psychologie gerne als das »reine Bewusstsein« bezeichnet, ist ein Bewusstseinsraum, der offen und klar und strahlend ist. Im Buddhismus spricht man von ihm als »Buddhanatur«. Dieser innere Zeuge besitzt die Fähigkeit, großzügig zu sein und die Dinge so anzunehmen, wie sie sind. Er ist der Raum, in dem alles Platz hat: die Erwachsene in dir und auch alle inneren Anteile. Der innere Zeuge ist die Verbundenheit, die wir erfahren, wenn wir den Sonnenuntergang am Meer betrachten und sich unser Herz für alles öffnet. Wir können ihn auch beim Liebe-Machen erfahren, beim Meditieren oder beim Betrachten des Sternenhimmels. In solchen Momenten erfahren wir die Gegenwart der Ewigkeit in uns. Wenn wir unser Herz öffnen und innerlich weiter werden, können wir ihn eher erfahren. Sich ihm zu öffnen, gleicht einem Paradox: Wir können ihn suchen, aber er wird uns finden. Er wird uns genau dann finden, wenn wir uns vertrauensvoll der inneren Weite unseres Herzens hingeben.

Weit werden

Der innere Zeuge ist in einem geerdeten Körper zu Hause. Sind wir geerdet, können wir den Attacken des inneren Kritikers leichter etwas entgegensetzen, als wenn wir neben uns stehen. Fühlen wir uns in unserem Körper wohl, können wir mit einer inneren Weite die Qualitäten der Achtsamkeit, des Mitgefühls et cetera ausüben. Mein persönliches Vorbild ist hier der Buddha. Es heißt, dass er unter dem Bodhibaum saß, um Erleuchtung zu erlangen. Während er dasaß, überkamen ihn Ängste, Zweifel. Er wurde mit seiner Gier und mit seiner Verzweiflung konfrontiert. Er erkannte all diese Gefahren als etwas, was in seinem eigenen Geist erscheint. Er wurde zu einem achtsamen Zeugen all dessen, was in seinem eigenen Geist aufstieg. Das alles war ihm möglich, weil er unter dem Baum der Erleuchtung seinen Sitz eingenommen hatte. Genauso können wir auf unserem eigenen Regiestuhl den Sitz einnehmen und mit einem achtsamen Blick und einem offenen Herzen ganz gegenwärtig sein und unsere inneren Kritiker mit Mitgefühl betrachten. Erfahrungsgemäß können wir am besten mit diesen Anteilen in Kontakt kommen, wenn wir uns hinsetzen und still werden. Auch wenn unsere inneren kritischen Stimmen toben und wir nicht wissen, wie es uns gelingen soll, still zu sitzen. Alleine durch das Tun, alleine dadurch, dass wir den Platz einnehmen, immer und immer wieder, erhalten unser Verstand und unser Körper die innere Kraft, die inneren Querulanten mit den Augen der Liebe zu betrachten. Selbst wenn es dann noch schmerzvoll ist, was wir erkennen, werden wir von unserem Regiestuhl aus die Güte und die Kraft haben, es zu wandeln.

Übung: Innerlich weit werden

Komm in eine aufrechte Sitzhaltung.

Konzentriere dich auf deinen Atem.

(Verweile hier einige Minuten.)

Konzentriere dich dann auf deinen ganzen Körper.

Nimm wahr, wie der Atem deinen ganzen Körper ausfüllt.

(Verweile auch hier einige Minuten.)

Weite deine Aufmerksamkeit weiter aus und stelle dir vor, dass du in deinem Herzen einen inneren Raum besitzt, der weit und offen ist.

Ein Raum, in dem alles Platz hat: deine inneren kritischen Stimmen, dein innerer Zeuge, dein ganzes Sein.

(Verweile hier wieder einige Minuten.)

Lass dein Gewahrsein dann noch weiter werden, so weit wie das Blau des Himmels.

In diesem Raum hat noch viel mehr Platz: Gedanken, Gefühle, Körperempfindungen, innere und äußere Stürme, inneres Licht. Alles.

Es gibt nichts zu tun.

(Verweile hier für fünf Minuten.)

In diesem inneren Raum ist alles vollkommen.

Entspanne dich in diesen Raum hinein.

Verweile hier.

(Verweile hier für fünf Minuten.)

Kehre dann mit deiner Aufmerksamkeit wieder zurück zu deinem Körper und in den gegenwärtigen Moment.

Still werden

Um die kritischen inneren Stimmen zu hören, müssen wir nicht nur innerlich weit werden, sondern auch äußerlich immer wieder still werden. Suche dir für die folgende Übung im Verlauf des Tages immer wieder einen Ort, an dem du für dich alleine bist und still sein kannst, um dich mit der Stille in dir vertraut zu machen.

Übung: Still werden

Komm für diese Übung wieder in eine aufrechte Sitzhaltung.

Nimm deinen Körper wahr.
Nimm deinen Atem wahr.
Nimm die Geräusche in deiner Nähe wahr.
Nimm die Geräusche in der Ferne wahr.
Nimm die Geräusche in dir wahr.
Nimm die Sätze in dir wahr.
Nimm die Stille zwischen den Worten wahr.
Nimm die Stille zwischen den Sätzen wahr.
Tauche ein in die Stille.
Vertraue der Stille.

Komme dann wieder zurück in den Alltag.

ANFANGEN STATT AUFSCHIEBEN

Wenn nicht jetzt, wann dann?
Wenn nicht du, wer dann?

Die beste Zeit, um innere Weite und Stille zu kultivieren, ist jetzt. Vielleicht hast du es schon lange vorgehabt, dich diesen Anteilen zuzuwenden. Dann kam immer etwas dazwischen, was wichtiger war. Schiebe das nicht länger auf. Denn die beste Zeit, innerlich aufzuräumen, ist *jetzt*. Genau heute. Genau hier. Genau jetzt. Es ist schon ein guter Anfang, dass du dieses Buch liest. Lesen allein reicht nicht aus, um Herrin oder Herr im eigenen Kopf zu werden. Anfangen ist das A und O. Wenn nicht jetzt, wann dann? Wenn nicht du, wer dann?

Beginne am besten ab sofort damit, dir jeden Tag Zeit für dich selbst zu nehmen. Stell dir vor, du würdest dich mit deiner allerbesten Freundin oder deinem liebsten Buddy verabreden. Genieße diese Zeit mit dir! Mach dir bewusst, dass du auf dem Weg in ein freieres und erfüllteres Leben bist.

Übung: Loslegen. Jetzt.

Nutze diesen Augenblick, um dir Zeiten zu reservieren, in denen du dich ganz gezielt mit deinen inneren Anteilen auseinandersetzt. Ganz konkret bedeutet das: Trage dir in deinen Kalender ein, wann du dir ab sofort regelmäßig Zeit nimmst, um mit deinen inneren Kritikern zu sprechen, sie zu malen oder dich anderweitig mit ihnen zu beschäftigen. Überlege dir, wann die beste Zeit für dich ist, regelmäßig zu meditieren, Dankbarkeit zu kultivieren oder Entspannungsübungen zu machen. Oder wann die beste Zeit ist, einfach ein paar

Minuten in die Stille zu gehen oder die Erde zu berühren. Mache diese Dates zu einem Jour fixe – täglich, wöchentlich oder am Wochenende. Suche nach einem Weg, der zu dir passt.

Nimm dir jetzt auch die Zeit, eine oder zwei Übungen zu praktizieren.

Ein Blick ins Gehirn

Es gibt Wissenschaftler, die behaupten, dass die inneren Kritiker unserem angeborenen Hang zur Negativität entspringen. Das ist jener Teil im Gehirn, der für unser Überleben zuständig ist. Evolutionär betrachtet, brauchen wir die Fähigkeiten dieser Stimmen in einem gesunden Maße für unser Überleben, denn sie sorgen dafür, dass wir schnell erkennen, was problematisch, gefährlich oder falsch ist.

Um diese Fähigkeiten so zu nutzen, dass sie sich nicht gegen uns richten, müssen wir viel Unterscheidungsfähigkeit und noch mehr Weisheit entwickeln. Unterscheidungsfähigkeit brauchen wir in Momenten, in denen wir untersuchen müssen, ob es sinnvoll ist, dem Rat unserer inneren Stimme zu folgen, oder ob er uns eher bremst. Weisheit ist deshalb vonnöten, um diesen Rat in seiner früheren Funktion erkennen und würdigen zu können. Schließlich gab es eine Zeit, in der wir ohne ihn nicht überlebt hätten. Weisheit braucht es auch, um die innere Stimme in solchen Momenten liebevoll und klar zugleich zu bremsen, in denen ihre Kommentare nicht hilfreich sind. Je besser wir ihre Herkunft und ihre ursprüngliche Funktion kennen, desto besser wird es uns möglich sein, mit ihr zu leben oder das Zusammenleben mit ihr zu beenden.

Jede Übung, die du praktisch ausführst, hilft dir dabei, die neuen, positiven neuronalen Verbindungen schneller wachsen zu lassen. Sie stärken die Erwachsene in dir und helfen dir, einen liebevollen, mitfühlenden Umgang mit deinen inneren Kritikern zu entwickeln. Wie du die Übungen anwendest, liegt an dir selbst. Du musst sie nicht chronologisch »abarbeiten«. Sei kreativ. Sei offen. Sei neugierig. Möglicherweise möchtest du mit Übungen beginnen, die weiter hinten im Buch stehen – nur zu! Entscheide selbst. Du bist alt genug dazu!

DIE BÜHNE IM LICHT DER ACHTSAMKEIT UND DES (SELBST-)MITGEFÜHLS ERSTRAHLEN LASSEN

Nichts ablehnen,
nichts hinzufügen.
Das ist Achtsamkeit.

Um einen Zugang zu den inneren Kritikern zu bekommen, braucht es besonders viel Fingerspitzengefühl, Geduld, Achtsamkeit und Selbstmitgefühl. Durch sie finden wir einen Weg, wie wir unsere Kämpfe gegen uns selbst beenden und auch unseren Kummer und unsere Kämpfe mit anderen Menschen in Liebe verwandeln können. Der Dalai Lama hat einmal gesagt, dass jeder Mensch Mitgefühl besitzt. Wir brauchen den sogenannten Muskel des Mitgefühls nur zu trainieren. Wir haben lediglich den Zugang dazu verloren, genauso wie wir den Zugang zu unserem inneren unverletzlichen Zeugen verloren haben. Beginnen wir mit der Achtsamkeit.

Achtsamkeit ist eine Haltung, ein Lebensweg und eine Technik. Sie ist ein Hilfsmittel, das uns in den gegenwärtigen Moment bringt, um in diesem Augenblick wahrzunehmen, was gerade ist, ohne etwas hinzuzufügen und ohne etwas wegzunehmen. Achtsam zu sein, bedeutet, das

Jetzt zu erleben, ohne die Geschichte aus der Vergangenheit weiterzuspinnen, die zu einem Gefühl, einem Gedanken oder einer Körperempfindung gehört, die wir mit der jetzigen Erfahrung verbinden.

Es gibt eine Frage, die dich direkt ins Hier und Jetzt bringen kann. Sie lautet: »Was nehme ich jetzt gerade wahr?«

Achtsamkeit ist keine Technik, um uns selbst zu optimieren. Das wäre nur Futter für unsere inneren Saboteure. Achtsamkeit ist eine Methode, mit der wir unsere Aufmerksamkeit wie eine Bühnenlampe auf etwas Besonderes auf der Bühne richten. Und zwar wohlwollend, liebevoll und mitfühlend. Achtsam zu sein, bedeutet, dass wir uns liebevoll den inneren Feinden zuwenden und sie in einem ersten Schritt da sein lassen, gemäß dem Motto »Alles, was ist, darf sein«. Solange wir im Widerstand sind, sie nicht haben wollen, sie verdrängen oder loswerden wollen, wird der Schmerz in uns über die frühere Ablehnung von anderen Menschen durch die permanente Sabotage unserer inneren Kontrahenten nur noch verstärkt. Lassen wir jedoch alles da sein, was in uns an Empfindungen auftaucht, werden wir auch gleichzeitig ehrlicher und berührbarer uns selbst gegenüber. Wir beginnen dann zu erkennen, dass nur wir selbst es sind, die uns von ihnen befreien können. Indem wir unseren inneren Saboteuren über die Achtsamkeit unsere vollständige Aufmerksamkeit schenken – oder zumindest so viel Aufmerksamkeit, wie es uns möglich ist –, können wir eine neue Dimension unseres Daseins erleben und genießen. Wir kommen nach und nach an in unserem selbstbestimmten Leben, das erfüllt ist von Gewahrsein, Kraft, Klarheit und Entschiedenheit, auch in Zeiten, in denen die Welt Kopf steht.

Übung: Ich. Jetzt. In diesem Moment. Ohne Geschichte.

Nimm dir nach Möglichkeit jeden Tag zehn Minuten Zeit für die folgende Körpermeditation. Du musst dabei weder Ursachenforschung betreiben noch eine Analyse vornehmen. Sollten deine Füße kalt sein, sind sie kalt. Warum, spielt keine Rolle. Nimm einfach nur wahr, was gerade ist.

Wandere von unten nach oben durch deinen Körper und sei offen für das, was du gerade wahrnimmst.

Stehen deine Füße auf dem Boden?

Wie auch immer du sitzt oder liegst: Wie fühlen sich deine Füße jetzt, genau in diesem Moment, an? Warm? Kalt?

Gehe weiter zu anderen Körperteilen. Untersuche den Jetzt-Zustand dieser Körperregionen so genau wie möglich.

Achte darauf, dass du dich nicht in Urteile verstrickst, die damit zu tun haben, warum du dich so fühlst, wie du dich jetzt fühlst. Wenn du dich in einer Erklärung, Beurteilung oder Ursachenforschung über dein körperliches Befinden verlierst, hole deinen umherwandernden Geist wieder sanft mit ein paar tiefen Atemzügen zurück.

Verweile einige Zeit – circa fünf bis zehn Atemzüge – bei jedem Körperteil.

Die achtsame Wahrnehmung wird leichter, wenn du sagst: »Da ist ein Zug, ein Druck, eine Enge, eine Weite« statt »Mein Oberschenkel zieht« oder »Ich habe Kopfschmerzen«. Probiere aus, welchen Unterschied allein diese differenzierte Sprache macht, während du deinen Körper wahrnimmst. Dadurch stellst du eine gewissen Distanz her und kannst die unterschiedlichen Empfindungen in den verschiedenen Regionen besser wahrnehmen.

Beende die Übung, indem du dich vom Scheitel bis zur Fußsohle einmal als Ganzes wahrnimmst.

Übung: Du. Jetzt. In diesem Moment. Ohne Geschichte.

Nimm dir nach Möglichkeit im Verlauf eines Tages immer wieder ein paar Minuten Zeit für die folgende Achtsamkeitsübung. Sie hilft dir, dein Gegenüber oder deine Umgebung einfach offen und wertfrei zu betrachten. Unsere inneren Kritiker kritisieren nicht nur uns, sondern auch unsere Mitmenschen und unser Umfeld. Betrachte Menschen und versuche, sie einmal wertfrei und offen zu sehen – als das, was sie sind. Achte darauf, dass du dich nicht in Urteile verstrickst, die damit zu tun haben, wie dir ein Mensch gefällt oder nicht gefällt. Wenn du dich in einer Erklärung, Beurteilung oder Ursachenforschung über das Aussehen oder Verhalten dieses Menschen verlierst, hole deinen umherwandernden Geist wieder sanft mit ein paar tiefen Atemzügen zurück.

Verweile einige Zeit bei dem anderen Menschen oder einem Gegenstand. Versuche, ihn achtsam und offen zu beschreiben: »Das ist ein Mann, er hat braune dichte Haare. Die Augen sind braun …« et cetera. Oder: »Die Vase ist weiß. Sie ist aus Ton …« et cetera.

Wenn wir uns darin üben, andere Menschen und Dinge objektiv zu beschreiben, ist dies ein erster Schritt aus der Tendenz der ewigen Bewertung. Wir fangen an, Menschen und Dinge so zu sehen, wie sie sind.

So werden wir uns auch selbst nach und nach aus den verurteilenden Bewertungen lösen. Wenn wir uns selbst mit achtsamem Gewahrsein beobachten, wird auch die Wahrnehmung von uns selbst leichter.

Die Augen öffnen

Betrachte die Welt wieder mit den Augen eines Kindes: offen, neugierig und wertfrei. Allerdings nicht durch die Augen des inneren Kritikers, sondern durch die Augen des Kindes, *bevor* die inneren Saboteure bei dir eingezogen sind. Wenn es uns gelingt, die Welt mit einem unschuldigen, offenen Blick zu betrachten, können wir uns ein Stück verlorene Kindheit zurückholen und die Welt ganz neu entdecken. Eine wunderschöne Erfahrung! Auf diese Weise fangen wir auch an, eine ganz neue Nähe zu uns selbst zu entwickeln. Wir beginnen, auf die Sehnsucht in uns zu lauschen. Die Sehnsucht, uns selbst zu entdecken. Den Wunsch, der Mensch zu werden, der im tiefsten Inneren seit unserer Geburt darauf wartet, sich entfalten zu können.

Übung: Augen auf

Geh in die Natur und stelle dir vor, du wärst drei, vier oder fünf Jahre alt. Zieh los und erforsche den Wald mit den Augen eines Kindes. Schaue dir Blumen, Tiere, Pflanzen und Bäume ganz genau an. Du kannst dir auch vorstellen, du hättest eine Kamera vor deinem Auge und würdest die Welt ganz objektiv durch diese Kamera betrachten. Ohne zu bewerten. Du siehst das, was du siehst: einen wunderschönen Planeten mit unzähligen Kostbarkeiten darauf versammelt. So mache ich es immer, wenn ich in die Natur gehe. Ich stelle mir vor, dass ich ein kleines Kind an der Hand habe und gemeinsam mit ihm die Wunder der Natur erfahre: ohne Konzepte, ohne Vorstellungen. Es ist eine sehr schöne Erfahrung, diesem kleinen Wesensanteil die Natur zu zeigen und darüber mit ihm in einen Dialog zu gehen. Besonders berührend finde ich es, Blumen zu betrachten, die sich ihren Weg durch den Asphalt bahnen. Sind sie dir schon einmal aufgefallen? Sie sind wunderschön und ihre Kraft, um ans Licht zu gelangen ist so groß, dass sie sich von nichts und niemanden abhalten lassen. Selbst nicht von Asphalt.

Sollte dein innerer Kritiker sich bei deinem Waldbesuch melden, sage ihm höflich und bestimmt: »Jetzt schaue ich mir den Wald an, du kannst dich später wieder melden.« Du kannst ihn auch einladen, den Wald gemeinsam mit dir zu erforschen. Dadurch würdigst du ihn und fängst an, ihn allmählich zu deinem Freund zu machen.

Ein Blick ins Gehirn

Die neuropsychologische Forschung bestätigt in zahlreichen Untersuchungen, dass wir selbstwirksam werden, wenn wir kontinuierlich Achtsamkeit praktizieren. Je achtsamer wir werden, desto mehr wirkt sich dies auf verschiedene Areale unseres Gehirns aus. Durch die Achtsamkeitspraxis stärken wir neuronale Netzwerke, die Körper, Geist und Gehirn miteinander verbinden. Je mehr wir praktizieren, desto mehr erfahren wir eine Zunahme von Verbundenheit, Vertrauen, Mitgefühl und Gegenwärtigkeit.

Offenheit für den Moment entwickeln

Achtsam zu werden, bedeutet, dass wir das Leben wertfrei und offen von Moment zu Moment erfahren – mit allen Sinnen. Offenheit erlangen wir, wenn wir ganz im Hier und Jetzt ankommen und die Vergangenheit und Zukunft außen vor lassen. Dazu müssen wir immer wieder innehalten. Im Jetzt sind wir offen für das, was gerade passiert.

Übung: Die JETZT-Pause

Schließe deine Augen und nimm die Geräusche in deiner unmittelbaren Umgebung wahr. Versuche, nur diese Geräusche wahrzunehmen, ohne dich in Gedanken darüber zu verlieren, wo sie herkommen oder warum sie da sind. Nimm einfach nur wahr, was du gerade hörst.

Öffne dann dein Bewusstsein für die Geräusche, die in einer Entfernung von 50 bis 100 Metern wahrnehmbar sind. Verweile dort mit deiner Wahrnehmung.

Lausche nun, was du in noch weiterer Ferne wahrnehmen kannst. Kannst du Flugzeuge hören? Autos? Vögel, die in der Luft fliegen?

Komm nach einer Weile wieder langsam mit deiner Aufmerksamkeit zurück in deinen Körper. Lausche abschließend darauf, welche Geräusche du in dir wahrnimmst.

Eine solche Wahrnehmungsübung – du kannst sie bewusst mit jedem einzelnen Sinn machen – hilft dir, ganz bewusst in die Gegenwart zu kommen. Die Gegenwart verbindet dich auch mehr mit der Erwachsenen in dir.

Selbstmitgefühl: Der Schlüssel zum Herzen

Wenn ich einen achtwöchigen Achtsamkeitskurs gebe, frage ich am Ende des Kurses, ob die Teilnehmer an einem Folgekurs interessiert sind. Die meisten bejahen diese Frage, und als Grund geben sie an: »Ich möchte mir selbst mit mehr Mitgefühl begegnen.«

Durch die Achtsamkeit gelingt es vielen Menschen, aus dem Hamsterrad der Geschäftigkeit auszusteigen. Sie nehmen sich wieder bewusster wahr und erkennen dabei, wie oft sie über sich selbst hinweggegangen sind, um sich die Liebe anderer zu sichern. Erst durch die Praxis des Selbstmitgefühls lernen sie, sich selbst noch einmal ganz neu zuzuwenden.

Achtsamkeit fragt: »Was ist jetzt gerade?« Selbstmitgefühl geht einen Schritt weiter und fragt: »Was brauche ich jetzt?«

Selbstmitgefühl wartet nur darauf, von uns entdeckt und kultiviert zu werden, damit wir es endlich mit vielen kleinen Gesten auf uns selbst richten können. Selbstmitgefühl zeigt sich dann, wenn wir bereit sind, unser Herz für uns selbst und das verlassene innere Kind zu öffnen. Es zeigt sich, wenn wir ihm die Chance geben, uns von unseren Bedürfnissen, unseren Nöten und unserem Schmerz berühren zu lassen. Wenn wir das Mitgefühl wie einen Scheinwerfer auf unsere Anteile richten, dann wird es

Zärtlichkeit und Verständnis in allen Situationen und unter allen Umständen für die inneren Saboteure entwickeln. Das mitfühlende Herz lässt das Eis schmelzen und uns erkennen, dass unsere inneren Kritiker uns eigentlich nur helfen wollten. Selbstmitgefühl zu entwickeln, ist nicht leicht. Es ist nichts für Feiglinge, weil wir mit Erinnerungen konfrontiert werden können, als wir verraten wurden oder große Verluste erlitten haben. Mitgefühl hat nichts mit Mitleid zu tun. Es ist vielmehr der Ausdruck der Schönheit deiner Seele. Es ist ein Beweis für die Größe deiner Seele.

Selbstmitgefühl entwickeln

Selbstmitgefühl ist wie die Sonne, die das Eis schmelzen lässt. Wir brauchen es, um unser Herz weit werden zu lassen, wenn die inneren Kritiker uns wieder mal in die Enge treiben möchten. Mit den Augen des Selbstmitgefühls erkennen wir, dass sich die inneren Saboteure bei uns niedergelassen haben, um uns zu schützen.

Wenn das Selbstmitgefühl bei uns einzieht, zieht der Selbsthass aus. Wenn wir Selbstmitgefühl entwickeln, akzeptieren wir uns als ganze Person, mit Licht- und Schattenseiten. Wir erkennen an, was ist. Wir entwickeln ein tieferes Verständnis für unsere inneren Anteile, ohne sie anzuklagen. In den Armen des Selbstmitgefühls lassen sich Leid und Selbsthass in Liebe verwandeln. Anstatt uns fertigzumachen, uns selbst zu zerstören oder anzuklagen, begegnen wir uns verständnisvoll, freundlich und trösten uns mit Dingen, die uns guttun.

Selbstmitgefühl statt Selbstoptimierung

Häufig fällt es Menschen leichter, Gott und die Welt zu lieben, anstatt sich selbst mit ein bisschen Mitgefühl zu begegnen. Selbstmitgefühl zu erlangen, ist eine schwere Übung. Ein erster Schritt in diese Richtung ist, dir selbst immer wieder einzugestehen, dass du die überhöhten Ansprüche deiner inneren Kritiker nicht erfüllen musst und nicht perfekt sein musst. Erlaube dir, Fehler zu machen! Erkenne an, dass du auf dem Weg bist! Denk daran, dass selbst ein Dalai Lama nach eigenen Worten lange gebraucht hat, bis er gelassen mit bestimmten Dingen umgehen konnte. Vielleicht sind deine inneren Kritiker dir selbst gegenüber in einer Weise ungnädig, die jedes gesunde und nützliche Maß übersteigt. Vielleicht sind sie übertrieben ungerecht und kritisch dir selbst gegenüber. Deshalb: Schenke dir selbst Mitgefühl. Du hast es verdient!

Folgende Meditation des Selbstmitgefühls beginnt damit, dich darin zu schulen, offen, ruhig, freundlich und mitfühlend dir selbst gegenüber zu sein.

Übung: Meditation des Selbstmitgefühls (15 Minuten)

Komm in eine aufrechte und bequeme Sitzhaltung.

Wenn du magst, dann kannst du eine Hand vor dein Herz legen als ein Zeichen, dass du dir selbst jetzt Zeit schenkst.

Wenn du das Gefühl hast, angekommen zu sein in diesem Moment, dann öffne dein Herz für dich selbst und schau über das hinweg, was du an dir magst und nicht magst. Sieh das Wesen in dir und wünsche dir selbst:

»Möge ich glücklich mit mir sein.« Oder:

»Möge ich lernen, Mitgefühl für mich zu haben.« Oder:

»Möge ich lernen, mich selbst zu lieben.« Oder:

»Möge ich in Frieden mit mir selbst leben.«

Du kannst diese vier Sätze auch hintereinander aufsagen. Wiederhole diese Sätze in deinem eigenen Tempo immer wieder. Achte darauf, dass du die Sätze nicht mechanisch sprichst, sondern lass dich nach Möglichkeit von jedem einzelnen Satz in deinem Herzen berühren:

»Möge ich glücklich mit mir sein.«

»Möge ich lernen, Mitgefühl für mich zu haben.«

»Möge ich lernen, mich selbst zu lieben.«

»Möge ich in Frieden mit mir leben.«

Bleib die kommenden Minuten so gut wie möglich bei dieser Übung.

Atme abschließend ein paarmal bewusst tief ein und aus und komme dann zurück in deinen Alltag.

In meinen Kursen empfehle ich meinen Teilnehmern immer, Samen in einen Topf zu säen. Symbolisch können sie Samen der Liebe, der Verbundenheit, des Selbstmitgefühls, der Geduld, der Fürsorge, der Freundlichkeit oder der Achtsamkeit repräsentieren. So wie diese Samen langsam wachsen und sich zu einer Pflanze oder sogar zu einem Baum entwickeln, so entwickeln sich auch die Samen des Selbstmitgefühls und der Liebe, wenn man sie täglich durch seine spirituelle Praxis wässert.

Ein Blick ins Gehirn

Wenn wir über einen Zeitraum von 14 Tagen jeden Tag 30 Minuten (Selbst)-Mitgefühl praktizieren, kommt es bereits zu signifikanten Veränderungen im Gehirn, die wiederum zu mehr prosozialem und altruistischem Verhalten führen.[5] Der innere Kritiker wird nicht nur uns, sondern auch anderen gegenüber offener.

Maria litt sehr unter einer Angststörung und einem inneren Kritiker, der sie die ganze Zeit anklagte. Das Bild mit den Samen gefiel ihr sehr gut und so begann sie, regelmäßig zu meditieren und sich um ihre inneren Feinde und inneren Saboteurinnen zu kümmern. Nach ein paar Wochen sagte sie, dass sie keine große Veränderung spüre, aber einfach dranbleiben wolle. Mit der Zeit wurde sie dann entspannter und ihre Ängste überwältigten sie nicht mehr. Heute steht sie da wie ein starker Baum, den nichts mehr so leicht umhauen kann. Auch ihre inneren Kritiker nicht.

Mitgefühl für deine inneren Kritiker

Wenn du deinen inneren Kritikern durch die Übungen in diesem Buch bereits nähergekommen bist, wirst du erfahren haben, wie klein und schutzbedürftig sie sind. Wenn wir ihnen mit Liebe und Mitgefühl begegnen, können sie sich entspannen. Sie fühlen sich gesehen und geliebt.

Die folgende Meditation ist eine wunderbare Übung, die diesen Prozess unterstützt.

Übung: Mitgefühl für deine inneren Kritiker

Komm in eine bequeme Sitzhaltung.

Schließe die Augen, wenn es dir möglich ist.

Lege eine Hand auf deinen Herzraum oder auf einen anderen Bereich deines Körpers, um dir selbst Mitgefühl zu schenken. Diese Geste erinnert dich auch daran, dass du dir selbst mit liebevollem Gewahrsein begegnen möchtest.

Nimm einige Atemzüge mit dem Wissen, dass jeder Atemzug deinen Körper nährt, wenn du einatmest.

Mit der Ausatmung entspannt er sich.

Lass zu, dass dein Atem seinen ganz natürlichen Rhythmus finden kann. Wenn es dir möglich ist, kannst du dich von deiner Atmung auch sanft wiegen lassen. Du musst es nicht erzwingen. Lass es ganz natürlich geschehen.

Richte deine Aufmerksamkeit nun auf deine Einatmung. Genieße dieses Gefühl, dass dein Körper durch die Einatmung Lebenskraft aufnimmt. Atemzug für Atemzug schenkt er dir auf diese Weise Frische und Lebenskraft.

Dann beginne damit, dass du mit der Einatmung Selbstmitgefühl einatmest. Spüre einfach die Qualität des Mitgefühls, während du einatmest.

Nimm nun deine Ausatmung bewusst wahr. Nimm wahr, wie dein Körper ausatmet. Nimm wahr, wie die Entspannung entsteht, während du ausatmest.

Atme so einige Minuten lang.

Denke dann an einen deiner inneren Kritiker. Visualisiere diesen inneren Kritiker klar vor deinem eigenen geistigen Auge.

Richte nun deine Ausatmung auf den inneren Kritiker und schenke ihm dabei die Entspannung des Ausatmens.

Wenn es dir möglich ist, sende deinem inneren Kritiker mit jeder Ausatmung Mitgefühl. Rufe dir dabei auch ins Bewusstsein, wie sehr er sich all die Jahre bemüht hat, dich zu beschützen.

Bemerke die Empfindungen, die du hast, während du ihn mitfühlend und liebevoll wahrnimmst.

Richte dann bei der Einatmung deine Aufmerksamkeit mehr auf dich selbst. Atemzug für Atemzug. Lass einen Wechsel entstehen, indem du mit der Einatmung Mitgefühl für dich selbst aufnimmst und ausatmend dein Mitgefühl auf deinen inneren Kritiker richtest.

Schau, dass ein passendes Gleichgewicht entsteht, Mitgefühl für dich selbst aufzunehmen und deinem Kritiker ebenfalls etwas Gutes zu schicken.

Ein für mich. Aus für meinen inneren Kritiker.

Ein für mich. Aus für dich.

Mit jedem Atemzug atmest du Güte, Mitgefühl, Achtsamkeit, Wohlwollen für dich selbst ein und die gleichen Qualitäten für den inneren Kritiker aus.

Lass alle unnötige Anstrengung los und erlaube dir, dass es geschieht.

Lass die Atmung ein- und ausströmen. Lass den Atem fließen wie die sanften Wellen des Meeres. Werde zum Teil dieses ununterbrochenen Stroms des Mitgefühls. Werde zum Meer des Mitgefühls.

Atemzug für Atemzug.

Lass alles geschehen. Mit offenem Herzen und grenzenlosem Mitgefühl.

Verweile in dieser Meditation so lange, wie sie dich nährt und dir guttut.

Beende diese Übung, indem du drei tiefe und bewusste Atemzüge nimmst.

Mitgefühl für das innere Kind entwickeln

Es kann geschehen, dass du auf deiner Erkundungsreise nach deinen inneren Kritikern deinem inneren Kind begegnest. Dann wird es Zeit, auch dem verletzten Kind in dir zuzuhören. Wenn es sich zeigt, dann ist das ein Zeichen dafür, dass es jetzt deine ganze Aufmerksamkeit braucht. Vielleicht taucht es aus der Tiefe deiner Erinnerungen auf. Möglicherweise hast du seine Hilferufe bis jetzt nicht wahrgenommen, als es um deine Aufmerksamkeit gebeten hat. Wenn es sich dir jetzt bei der Beschäftigung mit den inneren Kritikern zeigt, solltest du dein verletztes Kind zärtlich umarmen, anstatt weiterzumachen mit dem, was du gerade tust.

Manchmal kann sich das innere Kind durch ein tiefes Gefühl der Traurigkeit zeigen. Dann kannst du es in deiner Vorstellung in den Arm nehmen und direkt mit ihm sprechen. Du kannst ihm sagen, dass du es in der Vergangenheit oft alleine gelassen und dich von ihm abgewendet hast. Du kannst ihm sagen, dass es dir sehr leidtut. Du kannst ihm sagen: »Mein kleiner Engel. Ich bin für dich da! Ich werde mich gut um dich kümmern. Ich sehe, wie traurig du bist, dass ich die ganze Zeit beschäftigt war. Ich habe dich nicht gesehen und dich deshalb vernachlässigt. Endlich habe ich einen Weg zu dir gefunden. Darüber bin ich sehr glücklich. Du hast mir die ganze Zeit sehr gefehlt.«

Möglicherweise macht es dich sehr traurig, dein inneres Kind zu sehen. Vielleicht siehst du jetzt, wie lange es allein war. Versprich ihm, dass du dich von jetzt an gut um es kümmern wirst. Und achte darauf, dass du ihm nur so viel versprichst, wie du einhalten kannst. Gehe lieber zehn Minuten am Tag zu ihm, als dass du ihm versprichst, jetzt jeden Tag sehr viel Zeit mit ihm zu verbringen und mit ihm zu spielen.

Wenn es dir möglich ist, gehe mehrmals am Tag in Gedanken zu deinem inneren Kind. Kuschel mit ihm. Sprich mit ihm. Sei zärtlich zu ihm. Wenn du dies tust, wird nicht nur das innere Kind in dir Heilung erfahren, sondern auch deine inneren Kritiker. Wenn du wandern gehst, dann lade dein inneres Kind ein, mit dir wandern zu gehen. Wenn du ein Bad nimmst, dann lade es ein, mit dir zu baden. Wenn du im Bett liegst, dann lade es ein, mit dir zu kuscheln. Es gibt viele Möglichkeiten, mit dem inneren Kind in Verbindung zu treten. Suche nach den Wegen, die dir entsprechen.

Übung: Die Reise zum inneren Kind

Du kannst auch ganz bewusst eine Reise zu deinem inneren Kind unternehmen.

Wenn du möchtest, sprich die Anweisungen für diese Meditation und nimm dich dabei auf. Dann, wenn du meditierst, kannst du sie dir anhören.

Komm in eine aufrechte und bequeme Sitzhaltung.

Entspanne dich.

Atme ein und aus.

Wenn du das Gefühl hast, entspannt zu sein, dann gehe mit deiner Aufmerksamkeit in den Bereich hinter deiner Stirn und entspanne dich dort hinein.

Stell dir dann vor, dass du vor deinem inneren Auge eine Treppe siehst, die nach unten geht. Ist es eine Stein- oder eine Wendeltreppe? Oder ist es eine Stahl- oder eine Holztreppe? Schau sie dir genau an.

(Kurze Pause …)

Betritt die Treppe und gehe achtsam Schritt für Schritt, Stufe für Stufe die Treppe runter. Mit jeder Stufe sinkst du immer tiefer … und tiefer. Dabei fühlst du dich ganz sicher, entspannt und wohl. Und mit jedem Schritt sinkst du tiefer und tiefer … bis du am Ende der Treppe angelangt bist.

Du kommst in einem großen, hellen Raum an und siehst vor dir eine große, weiße Türe. Ist sie alt? Neu? Verschnörkelt? Nachdem du sie dir genau angesehen hast, öffne sie und gehe durch sie hindurch. Du kommst in einen weiteren hellen Raum, der mit warmem Licht erfüllt ist.

Plötzlich öffnet sich eine Türe und dein kleines inneres Kind taucht auf.

Wie sieht dein inneres Kind aus? Welche Haarfarbe hat es? Was hat es an? Wie alt ist es? Schau es dir ganz genau mit einem offenen und mitfühlenden Herzen an.

(Kurze Pause …)

Öffne deine Arme, damit es zu dir kommen kann. Öffne auch dein Herz.

Wenn es vor dir steht, setze dich auf den Boden, damit du mit ihm auf Augenhöhe sein kannst.

Nimm es in deine Arme und sage zu ihm: »Jetzt bin ich für dich da. Ich werde dich nicht mehr allein lassen.«

Frage es auch, ob es dir etwas zu sagen hat.

Höre genau hin, was dein inneres Kind zu dir spricht, was es dir mitteilt.

(Kurze Pause …)

Du kannst dein inneres Kind alles fragen. Und sage ihm, dass es dich auch alles fragen kann.

Vielleicht kannst du es noch einmal ganz zärtlich in deine Arme nehmen. Umarme es und flüstere ihm noch einmal in sein Ohr, dass du jetzt da bist.

(Kurze Pause …)

Bedanke dich dann bei deinem inneren Kind dafür, dass es sich gezeigt hat.

Schau ihm noch mal in die Augen und sage, dass du dir regelmäßig Zeit nimmst, um es zu treffen.

Verabschiede dich dann von deinem inneren Kind.

Gehe dann zurück zur Treppe, schreite die Stufen wieder hinauf. Schritt für Schritt.

Und mit jeder Stufe, die du hochgehst, wirst du wieder wacher und frischer.

Wenn du am Anfang der Treppe angekommen bist, fühlst du dich ganz frisch, wach und ausgeruht. Recke und strecke dich noch einmal.

Und vergiss nicht, dir jeden Tag Zeit für dein inneres Kind zu nehmen.

Über die Schwierigkeit, Mitgefühl zu entwickeln

Wenn wir langfristig Frieden schließen wollen mit unseren inneren Kritikern, kommen wir um die Praxis des (Selbst-)Mitgefühls nicht herum. Mitgefühl bedeutet, dass wir unsere inneren Anteile annehmen und akzeptieren. Wenn wir lernen, mehr Mitgefühl mit uns selbst zu entwickeln, nehmen wir uns auch dann an, wenn wir Schmerzen empfinden oder uns emotional verletzt fühlen. Wir wenden uns dann auch viel leichter den schwierigen Persönlichkeitsanteilen mitfühlend zu. Mitgefühl macht uns verletzlich – und das ist etwas, was die inneren Kritiker vermeiden möchten: uns verletzt zu erleben. Deshalb haben sie uns zeit unseres Lebens mit erhobenem Zeigefinger und den immer gleichen Vorwürfen ausgebremst, um diesen Schmerz erst gar nicht spüren zu müssen. Mach dich also darauf gefasst, dass sie dich vor dir selbst runterputzen und lächerlich machen, wenn du dich dir selbst zuwendest oder mit anderen Menschen mitfühlst.

Doch nicht nur das. Wenn wir es mit besonders gemeinen inneren Kritikern zu tun haben, werden sie anderen Menschen mit der gleichen Kälte begegnen wie uns. Sie sind demnach nicht nur dafür verantwortlich, dass die Beziehung zu uns selbst ziemlich unterkühlt ist, sondern auch dafür, dass unsere zwischenmenschlichen Beziehungen nicht rundlaufen.

Genauso, wie wir unsere Muskeln trainieren müssen, wenn wir schneller laufen oder schwimmen wollen, so müssen wir unser Mitgefühl schulen. Solch ein Training brauchen wir, um uns aus den Fängen der inneren Kritiker zu befreien – um mit uns selbst und anderen glückliche Beziehungen zu führen. Nur wenn wir uns selbst annehmen und lieben, können wir auch andere Menschen auf eine gesunde Weise lieben. Wenn wir immer nur für andere Menschen da sind und ihnen unser ganzes Mitgefühl schenken, bleiben wir auf der Strecke. Dann werden wir irgendwann unsere körperlichen und mentalen Bedürfnisse nicht mehr wahrnehmen. Nehmen wir uns hingegen genauso ernst wie unsere Mitmenschen, dann erkennen wir unsere Grenzen und respektieren auch die der anderen. Dann nehmen wir wahr, was wir selbst brauchen, und merken, wo wir uns aufgeben.

Es gibt buddhistische Schulen, die die Praxis des Mitgefühls damit beginnen, dass sie anderen Menschen zuerst Mitgefühl schicken. Manchmal ist es tatsächlich einfacher, erst das Herz für andere Menschen zu erwärmen. Danach können wir uns uns selbst zuwenden.

Übung: Mitgefühl entwickeln

Um dich mit der Praxis des Mitgefühls vertraut zu machen, setze dich in deinen Regiestuhl und komme dort ganz zur Ruhe.

Nimm wahr, wie sich dein Körper darin entspannt.

Spüre den regelmäßigen Herzschlag deines Körpers.

Nimm deinen Atem wahr. Jenen Lebensatem, der sanft in dich hineinströmt, dein Herz mit Liebe umspült und sanft wieder aus dir herausfließt.

Wende dich nun im Geiste einem Menschen zu, den du liebst, während du ruhig und gelassen in deinem Stuhl sitzt. Stelle dir einen Menschen vor, mit dem du eine gute Beziehung hast. Einen Menschen, bei dem es dir leichtfällt, natürliche und liebevolle Gefühle in dir entstehen zu lassen.

Während du dir diese Person vor deinem geistigen Auge vorstellst, werde dir bewusst, wie viel Kummer sie in ihrem Leben hat und wie sehr sie selbst mit ihren inneren Kritikern zu kämpfen hat. Vielleicht hast du selbst miterlebt, wie sehr die inneren Kritiker diesem Menschen das Leben schwer machen und wie sehr sie ihn davon abhalten, das Leben zu genießen.

Nimm wahr, wie sich dein Herz auf natürliche Weise öffnet, während du dich diesem Menschen mit Mitgefühl zuwendest, um ihm alles Gute zu wünschen.

Nimm wahr, dass es eine vollkommen natürliche Reaktion deines Herzens ist, einem geliebten Menschen Mitgefühl zu schicken. Es ist ein vollkommen natürlicher Impuls, auf seinen Schmerz einzugehen.

Wenn du magst, kannst du eine Hand auf deinen Herzraum legen, um dich auf diese Weise mit deinem Herzen zu verbinden.

Um dein Herz noch weiter für ihn zu öffnen, sprich innerlich ein paar einfache Sätze des Mitgefühls, wie zum Beispiel:

Mögest du von Mitgefühl getragen werden.
Mögest du voller Frieden sein und frei sein von Leid.

Wiederhole diese Sätze ruhig einige Male:

Mögest du von Mitgefühl getragen werden.
Mögest du voller Frieden sein und frei sein von Leid.

Während du diese Sätze voller Zärtlichkeit sprichst, stelle dir vor, dass dieser geliebte Mensch sich langsam zu dir umdreht und dir in die Augen schaut. Stell dir vor, dass er dich mit der gleichen Zärtlichkeit und Liebe betrachtet, wie du ihm gegenüber empfindest.

Stell dir dann weiter vor, dass er das ganze Ausmaß an Leid und Kummer in deinem Leben erfasst, während er dich mit offenem Herzen ansieht. Er erkennt das Ausmaß an Problemen und Herausforderungen, an Bürden und Kummer. Es ist so, als könntest du dich selbst durch seine Augen sehen.

Mit einem zärtlichen Blick schaut er dich weiter an und sieht all deine inneren und äußeren Kämpfe, deine inneren Kritiker, die dir das Leben schwer machen, deine Verletzungen, die du im Laufe des Lebens erlitten hast. Er sieht die Vertrauensbrüche, die du erfahren musstest, die Ängste, die dich geplagt haben.

Du siehst auch, wie er sein Herz für dich auf eine ganz liebevolle, natürliche Art und Weise öffnet. Seine Liebe verwandelt sich in ganz natürliches Mitgefühl für dich. Er wünscht sich, dass du hinsichtlich deines eigenen Kummers das gleiche Mitgefühl für dich empfindest.

Sage dir dann innerlich folgende Sätze:

Möge auch ich von Mitgefühl getragen werden.

Möge auch ich voller Frieden sein und frei sein von Leid.

Wiederhole diese Sätze ruhig einige Male:

Möge auch ich von Mitgefühl getragen werden.

Möge auch ich voller Frieden sein und frei sein von Leid.

Und während du diese Sätze wiederholst und dabei eine Hand auf deinem Herzraum liegt, wird sich das Mitgefühl weiter in dir ausbreiten.

Verweile bei dieser Übung des Mitgefühls so lange, wie du möchtest.

Du kannst diese Übung auch ausdehnen und dein Mitgefühl für innere und äußere Feinde entwickeln.

Deshalb ist es heilsam, die Praxis des Mitgefühls auch auf solche Menschen zu richten, mit denen du Probleme hast. Wenn es dir gelingt, deine Achtsamkeit umzulenken von dem, was andere Menschen dir angetan haben, hin zu dem, was euch verbindet, kann tiefe Heilung stattfinden.

Indem wir lernen, unseren »Feinden« mit einem mitfühlenden Herzen zu begegnen, wird unser Leben leichter. Dann verlassen wir die Opferrolle des verletzten Kindes und treten ihnen als weise, erwachsene und offene Menschen gegenüber. Dabei müssen wir diesen Menschen gar nicht persönlich begegnen; es reicht, wenn wir unsere

Aufmerksamkeit und unser Mitgefühl gedanklich auf sie richten und dabei über die Kränkung hinwegschauen.

Wenn wir Mitgefühl für unsere »Feinde« entwickeln, kommt das einem Friedensangebot gleich. Wir fangen an zu erkennen, dass jeder Mensch und auch jedes Wesen, egal, wie fremd oder anders es ist, den Wunsch in sich trägt, glücklich, gesund und frei von Leid zu sein.

Es liegt jedoch im Wesen des Menschen, dass wir mit leidvollen Erfahrungen konfrontiert werden. Jeder. Irgendwann. Irgendwie. Wenn es uns gelingt, dies zu erkennen und uns von unserer Auffassung, dass nur wir leiden, zu distanzieren, wird unser Herz weiter. Dann öffnet sich auch unser Herz.

Gehen wir einen Schritt auf sie zu, mit unserem Wissen um die inneren Kritiker, dann können wir auch ihnen helfen, den Blick sanft nach innen zu richten, anstatt immer anklagend auf andere zu zeigen. Dazu braucht es wiederum Achtsamkeit. Sie hilft uns dabei zu erkennen, wenn wir wieder einmal achtlos und ungerechtfertigt über einen anderen Menschen geurteilt oder uns über ihn gestellt haben.

Mitgefühl bedeutet, dass wir toleranter werden dem gegenüber, was wir normalerweise ablehnen, kritisieren und ausgrenzen. Mitgefühl zu entwickeln, bedeutet, dass wir ein kategorisches Nein auflösen und uns in die Position eines anderen Menschen hineinversetzen.

Solange wir kein Mitgefühl für andere empfinden, sind wir getrennt von dem Teil in uns, der heil und ganz ist. Jenem Teil, der keine Trennung kennt zwischen Du und Ich.

Dieses Gefühl des Getrenntseins entsteht immer dann, wenn wir sehr identifiziert sind mit unserem Ich. Und meistens ist es die Identifizierung mit einem verletzten Anteil in uns: »Ich bin hier, und da draußen ist die Welt, die mir Böses will, die mich nicht versteht, die mich verletzt hat.«

Solange wir uns bedroht fühlen, können wir unser Herz nicht öffnen – und dieses Gefühl der Bedrohung geht von unseren inneren Kritikern aus.

Übung: Meditation des Mitgefühls für deine inneren Kritiker

Nimm dir Zeit, um dein Herz für dich und deine inneren Kritiker zu öffnen, und wünsche dir:

Möge ich einen liebevollen und wertschätzenden Kontakt zu meinen inneren Kritikern aufbauen. (Wenn dein innerer Kritiker einen Namen hat, kannst du diesen auch nennen.)

Möge ich Frieden finden mit meinen inneren Kritikern.

Möge ich Heilung erfahren in Bezug auf meine inneren Kritiker.

Möge ich in Leichtigkeit leben mit meinen inneren Kritikern.

Anfangs kann es sehr ungewohnt sein, sein Herz auf diese Weise für andere Menschen zu öffnen. Auch hier macht Übung den Meister. Auch wenn diese Sätze anfangs wie Lippenbekenntnisse wirken, so wird es früher oder später einen Moment geben, in dem dein Herz sich öffnet und du die Menschen in ihrem ganzen Leid erkennst. Einen solchen Moment können wir allerdings nicht mit dem Verstand herbeiführen. Er geschieht. Solche Augenblicke sind Geschenke. Sie sind eine Gnade. Wenn wir uns dafür öffnen, dann kann auch uns eine solche Gnade zuteilwerden.

Manche Menschen sind von anderen so verletzt worden, dass es ihnen nur möglich ist, sich auf eine Beziehung mit einem Tier einzulassen und ihm ihre ganze Liebe zu schenken. Solltest du zu diesen Menschen gehören, dann kann dein Haustier dir dabei helfen, dein Herz für dich selbst und andere Menschen zu öffnen.

Übung: Mitgefühl durch Tiere

Sollte es dir schwerfallen, dir selbst Mitgefühl zu schenken, betrachte dich einmal durch die Augen deines Haustiers. Unsere Haustiere begegnen uns mit bedingungsloser Liebe. Ihr Blick trifft uns häufig mitten ins Herz. Wie wäre es, wenn du mit diesen Augen dich selbst und auch deine inneren Kritiker anschaust, die nichts anderes wollen, als dich zu schützen und dich vor Unheil zu bewahren? Wie wäre es, wenn du dir durch die Augen deines Tiers wünschst:

Möge ich lernen, mich selbst und meine inneren Kritiker zu lieben, wie mein Tier mich liebt.

Möge ich in der gleichen Leichtigkeit leben mit meinen inneren Kritikern. Genauso leicht, wie mein Tier es mit mir tut.

Selbstfürsorge ins Leben integrieren

Selbstfürsorge bedeutet, dass wir uns von ungesunden Gewohnheiten und Ritualen und Menschen verabschieden, die die inneren Kritiker unterstützt haben, weiterhin Regie zu führen. Das bedeutet, dass wir anfangen, konsequent Nein zu allem und jedem zu sagen, was nicht mehr zu uns passt. Indem wir uns trauen, die Spaßbremse in ihre Grenze zu weisen, Everybody's Darling »Nein« zu sagen oder dem inneren Kritiker Einhalt zu gebieten, entwickeln wir den Mut, uns selbst mit mehr Mitgefühl und Fürsorge zu begegnen. Dadurch enttäuschen wir zwar unsere inneren Saboteure, möglicherweise auch andere Menschen, zeigen uns selbst aber, dass wir es ernst meinen auf dem Weg zu mehr Selbstliebe.

Lernen, Grenzen zu setzen

Nun geht es also daran, das Nein-Sagen zu lernen. Nein den inneren Kritikern gegenüber. Nein solchen Menschen gegenüber, die bislang nur ein Ja von uns kennen und schamlos über unsere Grenzen gegangen sind. Wir brauchen gesunde Grenzen, um uns von jenen inneren Persönlichkeitsanteilen abzugrenzen, die uns schaden und einengen. Wir brauchen diese Grenzen auch im Kontakt mit anderen Menschen, um uns als eigene Persönlichkeit wahrnehmen zu können.

Zu lernen, Grenzen zu setzen, ist gerade jetzt wichtig, wenn es darum geht, unsere eigenen Bedürfnisse kennenzulernen, unsere eigenen Ideen umzusetzen und unsere eigenen Gefühle wahrnehmen zu können. Grenzen sind auch wichtig, damit wir uns zukünftig im Umgang mit unseren inneren Kritikern und anderen Menschen sicherer fühlen. Wir besetzen somit nicht nur die Rollen in unserem eigenen Drehbuch neu, sondern gestalten auch unsere eigenen Erlebnisräume um.

Wenn wir als Kinder ein Gefühl für die eigenen gesunden Grenzen verloren haben und stattdessen die inneren Kritiker mit ihren überzogenen Ansprüchen zum Maß aller Dinge wurden, braucht es viel Mut, Kraft, Ausdauer und Konfliktbereitschaft, die Fähigkeit zur Abgrenzung zu erlernen. Genau diese Fähigkeit brauchen wir, um ein selbstbestimmtes Leben zu führen. Wir brauchen ein Ich, das fest im Regiestuhl sitzt und Übergriffe und Angriffe abwehren kann. Ein Ich, das seine Bedürfnisse kennt und trotzdem offen bleibt für eine gute Kooperation mit den Persönlichkeitsanteilen, die einst unsere Feinde waren und uns heute unterstützen können.

Gerade durch unsere selbst gesteckten Grenzen können wir unsere eigenen Werte leben, zu uns stehen und erfüllende Beziehungen mit unseren inneren Teilpersönlichkeiten und auch mit den Menschen, die wir lieben, eingehen. Das bedeutet, dass wir uns über unsere eigenen Bedürfnisse, Werte, Absichten, Ziele und Interessen klar werden. Das kann anfangs etwas ungewohnt sein, besonders dann, wenn es im Sinne des eigenen Anpeitschers immer nur um ein »Höher, Besser, Schneller und Erfolgreicher« ging.

Anna-Christina war eine erfolgreiche Geschäftsfrau. Irgendwann rauschte sie in einen Burn-out. Sie merkte, dass ihr

Leben so nicht mehr weitergehen konnte. Bislang hatte sie sich immer über den Erfolg ihrer drei Boutiquen definiert. Der innere Anpeitscher wollte sie dazu bringen, so schnell wie möglich wieder weiterzuarbeiten. Als sie ihn erkannte und lernte, sich gegen ihn abzugrenzen, verkaufte sie ihre Geschäfte.

Es dauerte eine Weile, bis sie an den Punkt kam, wieder Freude am Leben zu entwickeln. Anfangs fühlte sie sich schuldig, wenn sie sich um sich selbst kümmerte. Nach und nach gelang es ihr, sich immer mehr Raum für ihre eigenen Bedürfnisse zu schaffen. Sie stellte sich die Frage »Was will ich wirklich?!«.

Nach zwei Jahren Pause eröffnete sie gemeinsam mit einer Freundin ein kleines Boutique-Café. Mithilfe der Achtsamkeit und der Selbstfürsorge achtet sie heute darauf, dass sie immer noch genug Zeit für sich selbst hat. Sie hat gelernt, für sich zu sorgen.

Die folgenden Übungen unterstützen dich darin, noch klarer zu erkennen, was dir wirklich wichtig ist. Sie helfen dir, ein besseres Gespür dafür zu bekommen, wann deine inneren Kritiker dich daran hindern, das Leben zu führen, das du in Wahrheit führen möchtest. Ein Leben mit Menschen, die dich respektieren und wertschätzend behandeln.

Du selbst wirst zukünftig entscheiden, wie sehr deine inneren Kritiker über dein Wohlergehen bestimmen. Und du selbst trägst auch Sorge dafür, welches Verhalten von anderen Menschen du zukünftig zu tolerieren bereit bist. Möglicherweise hast du dich bislang damit sehr schwergetan. Denn wenn wir uns selbst nicht genügend akzeptieren und wertschätzen, wie sollen wir dann für uns einstehen? Wenn uns der innere Kritiker bislang in den Rücken gefallen ist, wie sollen wir uns dann selbst zur Seite stehen? Wenn wir andere wichtiger nehmen, um bestimmten Anteilen gerecht zu werden, stufen wir ihre Wünsche, Bedürfnisse und Freiheiten wichtiger ein als unser Recht auf die eigenen Bedürfnisse. Wenn wir versuchen, es immer unseren inneren Kritikern recht zu machen, wahren wir nicht mehr unsere eigenen Grenzen.

Übung: Steigere deinen Selbstwert durch Selbstgespräche

Führe hörbar solche Selbstgespräche, die dein Selbstwertgefühl stärken. Tue dies in den nächsten Wochen so häufig wie möglich. Dadurch wirst du neue neuronale Verbindungen schaffen und den wohlwollenden, selbstfürsorglichen Stimmen in dir mehr Gehör verschaffen. Wichtig dabei ist, dass du von dir selbst nur namentlich und in dritter Person sprichst. Zum Beispiel: »Das ist eine große Herausforderung für ... (dein Vorname). Aber … (dein Vorname) wird das sicher schaffen!« Lobe dich auch für das, was dir gut gelungen ist. Zum Beispiel: »Das ist ein wirklich köstlicher Salat, den … (dein Vorname) gemacht hat. Für gutes Essen ist … (dein Vorname) auch bekannt.«

Auch wenn es anfangs etwas ungewohnt, sogar schräg für dich klingt, hat es viele positive Effekte. Du wirst mehr Klarheit für eine Situation gewinnen und wirst sie auch besser einschätzen können. Du wirst dich auf diese Weise auch selbst positiv motivieren und dich besser fokussieren. Du betrachtest Vorfälle objektiver und emotionsloser. Das hängt damit zusammen, dass du weniger im Gefühlsmodus handelst. Davon abgesehen, kommst du so schneller ins Handeln. Diese kleinen aufmunternden Selbstgespräche tragen zur Stärkung deines Selbstvertrauens bei. Sie helfen dir auch, die negativen Stimmen deiner inneren Kritiker etwas zu dimmen.

Für dich selbst einzustehen, ist wichtig und wird zukünftig auch eine wesentliche Aufgabe sein, wenn es darum geht, deine inneren Kritiker immer wieder in die ihnen zugedachten Rollen zu verweisen. Wichtig dabei ist, dass du stets wertschätzend mit dir sprichst. So, wie es gute Freunde oder deine Lieblingsmenschen tun.

Selbstgespräche haben sogar eine therapeutisch-wohltuende Wirkung. Mit dir selbst zu kommunizieren, hat etwas Vitales, emotional Aufbauendes und Entlastendes.

Durchsetzungsvermögen entwickeln

Positive Selbstgespräche werden dir sehr schnell ein Gefühl dafür vermitteln, wie sehr du dein Wohlbefinden beeinflussen kannst. Jahrelang war es dir nicht bewusst, dass es keine äußeren Instanzen waren, die dir gesagt haben, dass du nicht gut, nicht schön, nicht erfolgreich genug bist. Erst nach und nach wirst du erkennen, wer da zu dir spricht. Je mehr positiven Zuspruch du dir selbst geben wirst, desto mehr Gespür wirst du dafür entwickeln, wenn dein innerer Kritiker etwas zu bemängeln hat. Je mehr Achtsamkeit du also in deinen Kopf implementierst, umso weniger Raum haben die Verurteilungen, Beleidigungen und Entwürdigungen deines inneren Kritikers. Du schließt Frieden mit dir selbst.

Das erfordert jedoch eine gehörige Portion Durchsetzungsvermögen ihnen gegenüber; und du musst ihnen auch verbal etwas Entsprechendes entgegensetzen. Daher ist es wichtig, deinen inneren Widersachern immer wieder deutlich zu machen, wer von euch das Sagen hat. Durchsetzungsvermögen und das Setzen von Grenzen sind vor allem nötig, wenn dein innerer Kritiker hartnäckig bleibt. An einem solchen Tag wirst du vielleicht vier, fünf oder acht Anläufe brauchen, bis du dich durchgesetzt hast.

Übung: Einspruch einlegen

Wenn dein innerer Kritiker wieder einmal hart mit dir ins Gericht geht, weil du in seinen Augen nicht gut genug warst, und er dir sagt: »Warum hast du es nicht besser gemacht?«, dann widersprich ihm sofort laut und sage ihm: »… (dein Vorname) hat es wirklich sehr gut gemacht!«

Mach dir ein paar Aussagen deines inneren Kritikers bewusst, mit denen er dich besonders gerne und gut kritisiert. Schreibe sie auf ein Blatt, in dem zwei Spalten sind. Und dann schreibe in die Spalte daneben, welchen Einspruch du zukünftig erheben wirst.

Zum Beispiel:

Kommentar deines Kritikers: »Claudia auf der Yogamatte neben dir ist viel beweglicher in den Yogahaltungen.«

Dein Einspruch: »… (dein Vorname) macht die Yogahaltung wirklich wunderbar. ... (dein Vorname) Anatomie entsprechend kommt sie sehr weit in die Haltung hinein.«

Übung: Gedanken als Gedanken erkennen

Komm in eine aufrechte Sitzhaltung. Schließe die Augen, wenn es dir möglich ist. Ansonsten lass sie auf einen Punkt in deinem Zimmer ruhen.

Konzentriere dich die nächsten zehn Minuten auf deine Atmung.

Nach kurzer Zeit werden Gedanken auftauchen, manchmal bereits nach zwei oder drei Atemzügen. Sobald du sie bemerkst und sie bewusst wahrnimmst, benenne sie mit: »Denken. Denken.« Mit etwas Übung wirst du erkennen, welche Stimmen von deinem inneren Kritiker stammen. Dann kannst du sie zum Beispiel benennen mit: »Grübeln. Grübeln.« Oder: »Meckern. Meckern.« Oder: »Bewerten. Bewerten.«

Achte besonders auf jene Gedanken, die sich gegen dich selbst richten. Nimm sie mit Distanz wahr. Mach dir bewusst, dass sie nicht die Wahrheit sind. Es sind nur Gedanken.

Vertiefe diese Übung, indem du dir sagst: »Ich habe Gedanken, aber ich bin nicht diese Gedanken.« Was passiert, wenn du diese Gedanken mit Abstand betrachtest?

Übung: Gedanken checken

Nimm dir für diese Meditation 20 oder 30 Minuten Zeit.

Komm in eine Sitzhaltung, in der du gut verweilen kannst.

Entspanne dich. Konzentriere dich vorrangig auf deine Atmung. Sobald Gedanken auftauchen, untersuche, welche Färbung deine Gedanken gerade haben. Du nimmst vielleicht folgende Gedanken wahr:

»In meinen Gedanken kritisiere ich mich selbst. Besonders häufig denke ich …«

»In meinen Gedanken werte ich mich häufig selbst ab. Meistens denke ich …«

»In meinen Gedanken klage ich mich an. Die häufigsten Anklagen lauten: …«

»Meine Gedanken richten sich häufig gegen
mich selbst,
andere Menschen,
äußere Umstände,
das Leben an sich.«

Beruhen deine Gedanken auf Tatsachen, Vermutungen oder Unterstellungen? Wie schnell wir aus Gedanken falsche Wahrheiten machen, zeigt die folgende Geschichte.

Inge fühlte sich häufig allein und ungeliebt. An ihrem Geburtstag gratulierte ihr ein langjähriger Freund nicht. Sie erinnerte sich an das letzte Treffen, an dem sie sich über die Coronamaßnahmen gestritten hatten. Als sie das Gespräch noch einmal reflektierte, war sie sich plötzlich sicher, dass er ihr deswegen nicht gratuliert hatte. Wahrscheinlich wollte er keinen Kontakt mehr zu ihr haben. Sie malte sich aus, wie er sie jetzt ablehnen würde und sie keinen Kontakt mehr haben würden. Diese Vorstellung tat ihr sehr weh und beschäftigte sie sehr.

Am nächsten Tag schickte ihr Freund ihr eine Nachricht auf ihr Handy. Darin gratulierte er ihr von ganzem Herzen nachträglich und versicherte, wie froh er um ihre Freundschaft sei. Er hatte sein Handy in der Arbeit vergessen und konnte sich deshalb erst verspätet melden.

Übung: Gedanken neu ausrichten

Du bist, was du denkst. Mit deinen Gedanken nährst du deine inneren Feinde oder deine inneren Freunde. Es liegt an dir, was du denkst.

Entscheide dich heute bewusst für einen achtsamen und bewussten Umgang mit deinen Gedanken. Lass alle Selbstanklagen, Zweifel, Selbstkritik, Selbstvorwürfe los und verfolge positive Gedanken, heilvolle Worte und aufbauende Affirmationen, die dazu beitragen, mehr Glück und tieferen Frieden in dein Leben zu bringen.

Versuche ab sofort, eine (oder mehrere) der folgenden positiven Affirmationen in dein Denken zu integrieren, zum Beispiel bei deiner täglichen Achtsamkeits- oder Meditationspraxis. Du kannst natürlich auch eigene, für dich passende Sätze finden, die dich ermutigen oder aufbauen. Dies hier sind nur ein paar meiner Vorschläge und Ideen.

Ich bin sicher.
Ich bin geliebt.
Ich tue mein Bestes.
So, wie ich bin, bin ich genau richtig.
Ich feiere meine Erfolge.
Ich bin einzigartig.

Ich bin ein wertvoller Mensch.

Ich vertraue mir und meinen Gefühlen.

Ich wähle meine Gedanken mit Bedacht und Achtsamkeit.

Möglicherweise inspirieren dich andere Sätze, die du auf einer Postkarte gesehen hast. Schreibe sie auf und hänge sie dir an den Badezimmerspiegel. Lass sie zu deinem Mantra werden.

Übung: Wertschätzende Gedanken denken

Unsere inneren Kritiker ernähren sich von Mangel, Anklage, Scham- und Schuldgefühlen, Angst und Frustration. Unsere positiven Persönlichkeitsanteile hingegen werden genährt durch Kraft und Selbstvertrauen, durch Liebe, Dankbarkeit, Wertschätzung, Achtsamkeit und Selbstmitgefühl. Zwei entgegengesetzte Gefühle wie Angst und Mitgefühl können nicht zur gleichen Zeit in unserem Geist existieren. Und: Gefühle ziehen bekanntlich auch immer Gedanken nach sich.

Wenn du merkst, dass dein innerer Kritiker dich gerade wieder einmal stressen, dir Angst einflößen oder das Gefühl geben will, dass du nutzlos bist, versuche bewusst, eine wohlwollende, positive, optimistische oder freundliche Geisteshaltung zu entwickeln. Besser noch: Nimm dir jeden Tag Zeit, solche positiven Gedanken bewusst zu denken.

Hier ein paar Beispiele:

Ich nehme mich und auch meine Fehler an, weil sie etwas Wunderbares sind. Durch sie lerne ich und wachse an ihnen. Sie sind eine großartige Möglichkeit, zu neuen Horizonten aufzubrechen.

Ich nehme mich als Schöpferin meines eigenen Universums an. Ich habe die Dinge selbst in der Hand und entscheide mich dafür, schwierigen Situationen in meinem Leben etwas Positives abzugewinnen.

Ich nehme mich an und bin stolz auf mich. Es gab zahlreiche Situationen, in denen ich stark war und die ich gut gemeistert habe!

Ich nehme mich an und gestehe mir ein, dass ich mehr Zeit für die Erledigung von manchen Dingen brauche.

Ich nehme mich an und erfreue mich an meinem Körper, so wie er ist. Schließlich macht er es mir möglich, zu leben, zu lieben und zu sein.

Ich nehme mich an und erkenne an, dass ich einzigartig bin, auch wenn ich nicht perfekt bin. Schließlich geht es nicht darum, immer die Fitteste, Schönste, Beste, Erfolgreichste oder Schlaueste zu sein. Es geht darum, dass ich einfach ich selbst bin, mit all meinen Facetten, wunderbaren Stärken und Schwächen.

Bestimmt fallen dir selbst weitere Sätze ein, die dich stärken, aufbauen und dir Kraft schenken. Sei kreativ! Schreibe sie auf und sprich sie zu dir! Nutze die Kraft der Worte jeden Tag, um dich aufzubauen.

Steh zu dir!

Grenzen gegenüber unseren inneren Kritikern zu setzen, kann auch bedeuten, dass wir lernen dürfen, Menschen im Außen ein klares »Nein!« entgegenzubringen. Denn was tun wir nicht alles, um unser »Everybody's Darling« oder »den inneren Antreiber« oder andere innere Widersacher zufriedenzustellen. Manche Menschen haben ein feines Gespür dafür, dass wir nicht gelernt haben, Grenzen zu setzen, und werden dies schamlos ausnutzen. Solche Menschen sind eigentlich ein Geschenk für uns. Wir dürfen mit ihrer Hilfe lernen zu wachsen. Wir könnten auch sagen, dass das Leben sie uns geschickt hat, um Selbstfürsorge zu erlernen.

Übung: Angst vor Ablehnung loslassen

Überlege dir eine oder zwei Situationen, in denen Menschen in den letzten Wochen deine Grenzen überschritten haben. Überlege dir, wie die Situation verlaufen wäre,

- wenn du deine Grenzen klar kennen würdest,
- wenn du klar hinter deinen Grenzen stündest,
- wenn du gelernt hättest, ein klares »Nein!« zu sagen,
- wenn du keine Angst vor Ablehnung hättest.
- wenn du aufhören würdest, es deinen inneren Kritikern recht machen zu wollen, und du stattdessen Selbstfürsorge betreibst und auf dich achtest,
- wenn du aufhörtest, anderen gefallen zu wollen.

Stell dir die Situation jetzt noch einmal so bildlich wie möglich vor und formuliere dann ein lautes, klares NEIN! Sprich es laut aus.

Stell dir dabei vor, dass du dich gut in deinem Körper verwurzelst: Du spürst deine Füße, wie sie fest am Boden stehen. Du nimmst deine Körpermitte wahr. Du richtest dich innerlich auf, kommst in eine würdevolle Haltung. Die Schultern sind entspannt, der Unterkiefer ist locker.

Wiederhole das NEIN noch einmal. Und lass es aus der Mitte deines Körpers, deines Seins aufsteigen. Sage dann noch einmal NEIN. Wie klingt es? Streng? Nicht überzeugend? Wütend? Verärgert? Wenn du das Gefühl hast, dass es noch kein klares Nein ist, dann wiederhole das NEIN.

Du kannst dich auch vor einen Spiegel stellen, an diese Situation denken und dir sagen: »Nein, das geht wirklich nicht, weil ich …« Erkläre, warum du Nein sagst. Aber bleibe bei der Erklärung bei deinen Bedürfnissen: »Vielen Dank für die Einladung, aber ich möchte dieses Jahr Weihnachten in meiner Wohnung verbringen. Das Jahr war so anstrengend, dass ich gerade jeden Tag nutzen möchte, um mich zu erholen.«

Wie fühlt es sich an, wenn du laut »NEIN!« sagst? Was verändert sich an der Situation?

Wie fühlt es sich an, wenn du für dich einstehst?

Nein zu sagen, ist ein wichtiger Aspekt der Selbstfürsorge. Sage Nein zu dem, was dich davon abhält, in Frieden mit dir selbst zu kommen. Nein zu sagen, ist eine hohe Kunst. Wenn wir als Kinder Nein zu etwas gesagt haben, was unsere Eltern von uns erwarteten, konnte es passieren, dass wir dafür bestraft wurden. Wenn wir Eltern hatten, zu denen selbst sehr starke innere Kritiker sprachen, mussten wir gehorchen, folgen und funktionieren. Das führte dazu, dass wir stumm wurden und innere Wächter das Wort übernahmen. Wir verlernten, für uns mit einem Nein einzustehen. In der Folge bleiben wir auch als Erwachsene stumm. Wir haben vergessen, dass wir ein Recht auf freie Entscheidungen haben. Selbst mit 50 Jahren trauen sich Kursteilnehmerinnen oft nicht, eine Einladung der Schwiegereltern zum Weihnachtsfest abzulehnen, obwohl sie eine Sehnsucht danach haben, es zu tun, und entweder allein oder mit ihrem Partner zu feiern. Andere trauen sich nicht, die Einladung zum Nachbarschaftsfest abzulehnen, weil sie Angst vor Ablehnung haben. Wieder andere trauen sich nicht, zu ihrem Chef oder ihren Kollegen Nein zu sagen, selbst dann, wenn diese kurz vor Feierabend mit Arbeit auf sie zukommen, die ohne Weiteres bis zum nächsten Tag liegen bleiben könnte. Anstatt eines Neins rezitieren sie innerlich: »Auch das geht vorbei.«

Durch ein klares Nein gewinnen wir nicht nur mehr Lebensfreude, sondern ganz nebenbei wertvolle, wichtige Zeit, um für vieles die beste Lösung zu finden.

Einen sicheren Ort schaffen

Selbstfürsorge bedeutet, dass wir uns innere und äußere Räume schaffen, an die wir uns zurückziehen können. Um uns dort zu entspannen. Um uns dort auszuruhen. Um loszulassen und von dem, was uns im Außen stresst, Abstand zu gewinnen. Einen solchen Ort gibt es: in dir! An diesem Ort bist du absolut sicher und geborgen. Es ist ein innerer Raum, an den du dich zurückziehen und Kraft tanken kannst. Werde zum Schöpfer dieses Ortes! Jetzt, wo du im Regiesessel sitzt, kannst du den Raum endlich so gestalten, wie du möchtest. Sei kreativ. Sei offen. Steig dafür aus dem Hamsterrad der ewigen Selbstoptimierung aus. Schaffe dir eine Villa Kunterbunt, ein Indianertipi, eine Höhle, ein Schloss, einen Strand – dein persönliches Paradies. Sei die Architektin, der Schöpfer deines sicheren Ortes. Entdecke und nutze deine Schöpferkraft und deine Fantasie, um das Ganze zu gestalten.

Übung: Schaffe dir deinen inneren Rückzugsort

Schließe die Augen. Wenn es dir nicht möglich ist, deine Augen zu schließen, dann lasse deinen Blick auf einen Punkt im Raum ruhen. Entspanne dich und atme einige Male bewusst ein und aus.

Stell dir als Nächstes einen Ort vor, an dem du dich geborgen und wohlfühlst. Es kann ein Platz in der Natur sein. Es kann ein Zimmer sein oder ein Ort, den du kennst. Du kannst diesen Ort auch frei in deiner Fantasie gestalten. Er kann auch eine Mischung sein aus einem Ort, den du kennst, und einem Ort, den du dir vorstellst. Du besitzt die Fähigkeit, alles hervorzurufen, was du brauchst.

Visualisiere diesen Ort so detailliert wie möglich: Welche Farben kannst du sehen? Wie riecht es dort? Nimm mit allen Sinnen wahr, wie schön es ist, wenn du dich dort sicher und geborgen fühlst. Spüre, wie sich die Wärme und Sicherheit auf dich übertragen.

Überlege dir nun eine Verknüpfung, etwa eine Geste, mit der du dich zukünftig mit deinem Rückzugsort verbinden möchtest. Du kannst zum Beispiel deine rechte Hand auf deinen Bauch legen oder bei der linken Hand Daumen und Zeigefinger zusammenführen. Vergegenwärtige dir dabei das Wohlgefühl, das der Ort in dir auslöst. Versuche, dieses Gefühl von Ruhe und Akzeptanz, Entspannung und Freude mit jeder Zelle deines Körpers wahrzunehmen.

Komm dann mit deiner Aufmerksamkeit zurück in den gegenwärtigen Moment. Nimm deine Unterlage bewusst wahr, schau dich um, recke und strecke dich.

Übung: Schaffe dir einen äußeren Ort der Ruhe

Sorge dafür, dass du auch in deiner Wohnung oder deinem Haus einen Ort findest, an dem du dich ungestört entspannen kannst.

Gestalte den Ort so, dass du dich in ihm wohlfühlst, ihn genießt. Mache ihn zu einer Oase der Selbstfürsorge. Richte ihn gemütlich ein, ohne den Anspruch, dass er perfekt sein muss. Gestalte ihn so, dass du dort deine Seele baumeln lassen kannst.

Klinke dich jeden Tag aus deinem Alltag aus, um dort aufzutanken. Tür zu. Telefon aus.

Werde dort achtsam, mitfühlend. Finde dort immer wieder in deine Mitte, deinen inneren Zeugen. Es geht in dieser Zeit nur um dich und darum, dass du es dir gut gehen lässt, ohne den Anspruch, perfekt sein zu müssen. Genieße diesen äußeren Ort und kehre regelmäßig dorthin zurück, um aufzutanken.

Selbstfürsorge für deinen Körper entwickeln

Unsere inneren Kritiker gehen häufig über unsere eigentlichen Bedürfnisse hinweg. Wir wollen eine perfekte Figur haben, übersehen aber, ob unser Körper ein paar Kilo mehr braucht, um sich wirklich wohlzufühlen. Wir faulenzen auf dem Sofa, obwohl unser Körper sich über Sport freuen würde. Selbstfürsorge heißt deshalb auch, sich für die Bedürfnisse deines Körpers zu öffnen. Schließlich ist er dein wichtigster Partner. Mit ihm kannst du alles erreichen. Ohne ihn nichts. Dein Körper kann dir dabei helfen, besser auf dich aufzupassen, weil er dir deine Potenziale und deine Kraftgrenzen zeigt. Vorausgesetzt, du entscheidest dich, auf ihn zu hören.

Übung: Was brauchst du von mir?

Nimm dir Zeit, um mit deinem Körper in Kontakt zu kommen. Dies könnte dir gelingen, indem du eine Hand auf deinen Herzraum legst oder an eine andere Stelle deines Körpers, der es dir ermöglicht, ihn gut zu spüren. Atme dann einige Male in diesen Bereich hinein.

Frage deinen Körper:
Welches Bedürfnis hast du?
Was brauchst du von mir?
Was würde dich entspannen?

Höre genau hin, was dein Körper dir signalisiert. Wenn die Antworten ein »muss« oder ein »soll« enthalten, dann kommen sie von deinen inneren Kritikern. Frage deinen Körper dann ruhig noch einmal.

Lass dir Zeit, bis du das Gefühl hast, dass die Antworten aus deinem Körper selbst kommen.

Schenke deinem Körper Energie

Wenn wir uns selbst mit Mitgefühl begegnen und Selbstfürsorge betreiben, sollten wir auch lernen, uns mehr um unseren Körper zu kümmern: beispielsweise indem wir uns gesund ernähren, Sport treiben oder Yoga machen. Etwas, was zur Folge hat, dass wir uns in unserem Körper sicher und wohlfühlen; so lernen wir, ihn zu schätzen und auf ihn aufzupassen.

Das Fundament dieser Fürsorge kannst du wirklich stärken, indem du zukünftig mehr auf deine Ernährung achtest. Unsere inneren Kritiker haben manchmal eine einseitige Sicht auf unsere Ernährung, die in die eine oder andere Richtung gehen kann: »Nur vegan!« Oder: »Nur Fast Food!« Manche inneren Kritiker lieben Fast Food, Chips, Vollmilchschokolade und Dosenbier. Diese Lebensmittel aber schwächen dich und dein Immunsystem und tun dir nicht unbedingt gut.

Um zu dem Menschen zu werden, der du gerne wärst, kommst du nicht umhin, dich dort abzuholen, wo du bist. Es kann auch sein, dass du dich mit dem Vorsatz überforderst, dein Leben von heute auf morgen radikal zu verändern. Es wäre kontraproduktiv, dir gleich zu Beginn vorzunehmen, dich nur noch gesund zu ernähren und keinen Alkohol mehr zu trinken, wenn du bis dato überwiegend von Fast Food und Dosenbier gelebt hast. Es braucht die richtige Mischung.

Übung: Sich Stück für Stück wohler fühlen

Nimm eine Analyse des Status quo deiner Ernährungsgewohnheiten vor und überlege, wie du deine Ernährung zukünftig ändern kannst, damit du dich Stück für Stück wohler fühlst.

Wende dich deinem Körper liebevoll zu und verwöhne dich mit der Zeit immer mehr mit guten Zutaten und frischen und gesunden Lebensmitteln. Verzichte immer häufiger auf zu viel Zucker und lass Dosenfutter immer öfter weg.

Ein Blick ins Gehirn

Unser Gehirn braucht jede Menge gute Nährstoffe. Das hängt damit zusammen, dass es circa 100 Milliarden Neuronen sowie eine Trillion unterstützende Zellen besitzt. Die Neuronen sind rund um die Uhr sehr aktiv. Untersuchungen haben ergeben, dass sie 5- bis 50-mal pro Sekunde aktiviert werden. Selbst im Schlaf arbeiten sie weiter. Und obwohl unser Gehirn mit etwa 1,2 Kilogramm nur zwei bis drei Prozent unseres Körpergewichts ausmacht, benötigt es rund 25 Prozent der Glukose im Blut. Es ist also ganz schön hungrig!

Unser Gehirn braucht viele verschiedene Nährstoffe, um gut arbeiten zu können. Ein Mangel an Vitamin D schwächt beispielsweise das Immunsystem und kann zu einer depressiven Verstimmung führen. Ein Vitamin-B_{12}-Mangel kann ebenfalls zu einer depressiven Stimmung führen.

Unser Gehirn braucht auch unter anderem Proteine. Der Neuropsychologe Rick Hanson empfiehlt bis zu 100 Gramm am Tag. Nimm dafür dunkle Früchte und Gemüse wie Blaubeeren, Grünkohl, Rote Bete, Karotten und Brokkoli zu dir. Sie senken zudem das Risiko für Demenz und fördern die Erinnerungsfähigkeit.

Wenn wir darauf achten, dass wir unserem Gehirn gesunde und stärkende Nahrungsmittel zukommen lassen, haben wir mehr Energie, Resilienz und fühlen uns wohler. Dann können wir unseren inneren Kritikern auch entschlossener begegnen, als wenn wir depressiv sind oder uns körperlich angeschlagen fühlen.

Dranbleiben, dir Gutes zu tun

Die Praxis der Selbstfürsorge ist etwas, was wir zukünftig in unser Leben integrieren sollten. Diese Praxis kann sich mit den Jahreszeiten oder den Umständen ändern. Frage dich deshalb immer wieder: »Was gibt mir Kraft und wer stärkt mich?«

Finde eine Routine, ein Hobby, einen Satz oder einen Menschen, der dich darin unterstützt, die Übungen aus diesem Buch regelmäßig zu machen. Gib diesen Übungen viel Raum in deinem Leben. »Dranbleiben« ist das Zauberwort, das alles entscheidend ist, wenn du aus deinen inneren Feinden beste Freunde machen willst. Es wäre fatal, dir das Gefühl zu vermitteln, dass es dir in drei Tagen gelingen wird, ihnen die Vorherrschaft abzunehmen. Wenn du regelmäßig übst, wirst du Erfolg haben. Versprochen!

Es braucht Disziplin, um neue Gewohnheiten zu etablieren und die inneren Kritiker immer wieder in ihre Grenzen zu weisen. Doch dann kannst du in solchen Momenten richtig reagieren, in denen deine inneren Saboteurinnen auftauchen, um dir den Erfolg zu vermiesen, dir die Entspannung madig zu machen, oder in denen sie dir einreden wollen, dass du ohne sie nicht wirklich zum Ziel kommst.

Mit Dranbleiben ist nicht gemeint, dass du jeden Tag stundenlang üben musst. Es bedeutet, dass du regelmäßig übst in einem Umfang, den du gut bewältigen kannst, ohne dich dabei zu überfordern. Selbst wenn du dir jeden Tag nur zehn Minuten Zeit nimmst, um dich dir selbst bewusst zuzuwenden, kann dich diese tägliche Routine ungemein stärken. Das regelmäßige Üben zupft im Garten deines Geistes Unkraut und pflanzt Blumen – das geschieht auch in deinem Gehirn.[6] Zum einen wird dein

Garten dadurch schöner und bunter, und du wirst zu einer besseren Gärtnerin: Du wirst mit der Zeit lernen, deine Achtsamkeit besser umzulenken, weg von der meckernden inneren Saboteurin, hin zu deinen inneren Freunden oder den Freuden des Lebens. Du wirst lernen, dich leichter zu motivieren und dich besser zu entspannen.

Probiere aus, wie viel Zeit du realistisch tatsächlich jeden Tag aufbringen kannst, um dich mit deinen inneren Richtern auseinanderzusetzen. Dabei ist weniger häufiger mehr. Selbst wenn du die Nase gestrichen voll hast von der Bevormundung dieser inneren Persönlichkeitsanteile, wirst du sie nicht von heute auf morgen loswerden. Nach und nach wirst du dir selbst neu begegnen, wenn du die Übungen mit einer offenen Haltung, viel Achtsamkeit und Selbstmitgefühl machst.

Wenn du wieder einmal ungeduldig bist oder der innere Kritiker dir das Gefühl gibt, dass du ohne ihn lebensuntauglich bist, nimm es zur Kenntnis, ohne dieser Stimme zu glauben. Nimm die Ungeduld dann als ein wesentliches Merkmal deines inneren Antreibers wahr. Mach dir bewusst, dass man ein Problem nicht mit den gleichen Mitteln lösen kann, wie es entstanden ist. Ändere eine Sache nach der anderen. Wenn du beispielsweise bislang immer nur aus der Konserve gelebt hast, beginne, deine Essgewohnheiten allmählich zu ändern. Koche dir immer häufiger selbst etwas oder fange an, Obst zu essen. Sei gut zu dir.

Übung: Bleib dran, dich zu loben!

Schreibe dir am Ende jeden Tages auf, was dir Gutes gelungen ist. Stärke dich auf diese Weise. Dabei ist es egal, ob du dir ein köstliches Müsli zubereitet, deine Wohnung aufgeräumt, Sport getrieben, ein Projekt vorbereitet, den Müll rausgetragen oder dir einen gemütlichen Abend auf dem Sofa gegönnt hast. Mache dir bewusst, dass du mit jedem Lob den Glauben an dich selbst stärkst. Jedes Ja zur dir ist ein Nein für deine innere Saboteurin. Jedes »Ja, ich bin gut!« ist ein Puzzlestück deines neuen, positiven Selbstbildes. Mach dir bewusst, dass du die Schöpferin deines neuen Selbstbildes bist. Du allein kannst es gestalten. Bleib also dran!

Du kannst diese Übung auch so machen, dass du am Abend ein Selbstgespräch führst und dir sagst: »… (dein Vorname) hat heute wirklich gut für sich gesorgt. Sie ist nach dem Abendessen noch eine Runde spazieren gegangen. … (dein Vorname) hat dadurch gut für sich gesorgt. … (dein Vorname) macht das wirklich wunderbar.«

Ein Blick ins Gehirn

Studien haben gezeigt, dass die Aktivität des linken präfrontalen Kortex gesteigert wird, wenn du achtsam bist und den Blick auf das richtest, was dich stärkt. Das hebt zudem die Stimmung, weil dieser Teil des Gehirns die Amygdala, die Alarmglocke des Gehirns, bremst.[7] Nach und nach wird sich dein Geist verändern, und die neuen neuronalen Strukturen werden sich verfestigen, die das Gute in dir stärken und zum Vorschein bringen.

Verwöhne dich immer und immer wieder

Sich selbst zu loben nach einem gelungenen Projekt ist wunderbar. Sich selbst zu loben am Ende eines Tages ebenfalls. Du kannst noch einen Schritt weiter gehen in puncto Selbstfürsorge und dich immer und immer wieder verwöhnen.

Kennst du dieses gute Gefühl, ein Ziel erreicht zu haben und sich dafür zu belohnen oder belohnt zu werden? Bei der Anerkennung kann es sich um Geld, Lob, Komplimente, köstliches Essen oder viele andere Dinge handeln. Egal, was es ist: Es tut uns einfach gut, wenn wir gelobt werden. Beifall ist allerdings etwas, was die inneren Saboteurinnen nicht sonderlich lieben. Durch Belohnungen und unsere Freude daran verlieren sie nämlich ihre Vormachtstellung. Wenn wir uns von den inneren Widersachern lösen wollen, tun wir also gut daran, so oft wie möglich anzuerkennen, dass wir Großartiges geleistet haben, etwa indem wir alte Verhaltensmuster und Gewohnheiten durchbrochen und sie durch achtsame Handlungen ersetzt haben.

Wenn du dich mit etwas belohnst, was du gerne magst oder machst, tust du dir etwas Gutes. Du nährst dich und stärkst so deine Selbstwirksamkeit. So erlangst du auch die Gewissheit, neue und schwierige Anforderungen souverän bewältigen zu können. Dein innerer Kritiker wird darüber nicht so glücklich sein und bei den ersten Belohnungen womöglich versuchen, dir gleich einzureden, dass du diese Belohnung nicht verdient hast. Und wenn er dir dein wohlverdientes Eis versauern will, ist es an der Zeit, dir zu sagen: »Mein innerer Kritiker kann mich mal!«

Wenn wir etwas freiwillig wiederholen, weil wir eine Belohnung erwarten, spricht man von Motivation. Wenn wir Belohnungen richtig einsetzen, können wir also unsere Motivation erhöhen. Belohnungen sind ein machtvolles Mittel und können manchmal sogar die Grundlage für die Motivation schlechthin darstellen.

Um deine Motivation aufrechtzuerhalten, ist es wichtig, dass du lernst, dein Gehirn auszutricksen. Denn das solltest du wissen, damit die Motivation langfristig erhalten bleibt: Wenn wir ein Ziel anvisieren, das weit in der Zukunft liegt, kann uns die Motivation unterwegs schon mal verloren gehen. Wenn du dir also vornimmst, fünf Kilo abzunehmen, kann dir der innere Kritiker einen Strich durch die Rechnung machen, dir einflüstern: »Das klappt doch sowieso nicht«, und dir eine riesengroße Tafel Schokolade als Trost anbieten. Das ist natürlich sehr verlockend, was damit zusammenhängt, dass eine sofortige Belohnung sich wichtiger anfühlt als eine Belohnung in weiter Ferne. Die Schokolade als Belohnung für etwas jetzt und sofort wird der Belohnung einer schlanken Figur in drei Monaten vorgezogen. Darum braucht es eine Aktivierung des Belohnungssystems im Gehirn.

Im Gehirn wird ein Verlangen ausgelöst und führt dazu, dass wir bis zum Schluss motiviert bleiben, um die gewünschte Belohnung zu bekommen. Im Job könnte dies eine Beförderung oder mehr Geld sein. Im Alltag kann das eine Tafel Schokolade, eine köstliche Tasse Kaffee oder ein schöner Pullover sein. Beim Sport könnte es die Traumfigur oder eine bestimmte Leistung bedeuten und beim Sparen eine schöne Traumreise. Was genau du als konstruktive Belohnung empfindest, kannst du spielerisch entdecken, denn jeder Mensch hat seinen eigenen Antrieb. Achte immer darauf, dass du dich auch kurzfristig belohnst. Sonst könnte dir die Motivation auf lange Sicht schnell flöten gehen.

Übung: Selbstmitgefühl to go

Es kann uns immer wieder passieren, dass wir im Laufe eines Tages etwas tun, was unseren inneren Kritiker auf den Plan ruft. Wir trödeln auf dem Weg zur Bushaltestelle, sodass uns der Bus vor der Nase wegfährt. Wir kontrollieren das Rückgeld nicht gleich an der Supermarktkasse und merken erst im Büro, dass der Kassierer uns in all der Hektik 20 Euro zu wenig zurückgegeben hat. In solchen Momenten, in denen es Kritik hageln könnte, bietet sich die folgende kleine Meditation an.

Wenn du die Möglichkeit hast zu sitzen, dann setz dich bequem und aufrecht hin und lege eine Hand auf deinen Herzraum. Solltest du unterwegs sein, kannst du eine Hand auf deine Schulter legen. Solltest du keine Möglichkeit haben, diese kleine Selbstmitgefühlspraxis direkt nach einer solchen Situation zu machen, nimm dir dann nach Möglichkeit noch am gleichen Tag Zeit, dich dieser Situation noch einmal in Ruhe zu widmen.

Wende deine Aufmerksamkeit nach innen und atme in dein Herz hinein.

Öffne dich dann für die Erfahrung, auftauchende Gefühle offen wahrzunehmen. Solche Gefühle sind wertvolle Botschafter deines inneren Kritikers. Empfange sie wohlwollend und behutsam. Was immer sich zeigt, nimm es einfach mit etwas Distanz wahr. Vielleicht ist da ein Gefühl von Trauer oder von Wut, von Resignation oder von Unruhe. Nimm wahr, was sich zeigt, und stelle dir selbst die Frage: »Was brauche ich?«

Lass diese Frage auf dich wirken. Nichts analysieren, nichts verstehen. Erzwinge keine Antwort. Verweile und lausche dem, was auftaucht.

Jeder hat bestimmte Bedürfnisse, wenn wir Verluste erlitten oder Fehler gemacht haben. Diese Bedürfnisse sind anders als die der inneren Saboteure. Statt einer Schuldzuweisung brauchen wir jetzt vielleicht Trost, Schutz, Akzeptanz, Liebe oder Ruhe. Lass diese Bedürfnisse zu. Wenn du dich um sie kümmerst, stärkst du das Band der Freundschaft mit dir selbst und nimmst den inneren Saboteuren ihre Vorherrschaft.

Atme einige Male sanft ein und aus und stelle dir dann die nächste Frage: »Was brauche ich wirklich?«

Lass dir Zeit, bis eine Antwort kommt. Erwarte nichts und versteife dich nicht auf eine bestimmte Antwort. Umarme die Frage sanft und sei bereit für Worte, Bilder oder Klänge, die auftauchen. Lass alles da sein, was sich zeigen mag. Auch dann, wenn die Antwort eine ganz andere ist, als du dir erhofft oder vorgestellt hast. Lass dir Zeit.

Atme dann wieder ein paarmal sanft ein und aus und stell dir dann die dritte Frage: »Was brauche ich wirklich?«

Vielleicht taucht eine neue Antwort auf. Vielleicht auch nicht. Du bist präsent und nimmst wahr, was auftaucht. Es gibt keine gute oder schlechte Antwort. Die Fragen sind Samen, die in ihrer eigenen Zeit ihre Blüten tragen werden.

Sei präsent mit dem, was du jetzt wahrnimmst an Körperempfindungen, Gedanken und Gefühlen. Der Fluss deines Atems trägt und unterstützt dich, mehr und mehr im Hier und Jetzt anzukommen.

Wenn Bedürfnisse aufgetaucht sind, erlaube dir, ihnen nachzugehen. Manchmal sind es sehr einfache Dinge, die auftauchen. So einfach, dass wir sie gar nicht wahrhaben wollen, weil sie viel zu einfach erscheinen und wir uns in einem solchen Moment fragen, warum wir nicht schon eher darauf gekommen sind. Es geht auch nicht darum, einen Aktionsplan auszuarbeiten, sondern sie in deinem Herzen anzunehmen und deinen Bedürfnissen Raum zu schenken. Umgib sie mit dem weiten Raum deines Bewusstseins, in dem auch dein innerer Zeuge sie wahrnimmt.

Nimm diese Bedürfnisse in dem wohlwollenden, mitfühlenden, offenen Raum deiner Liebe an. Er ist weit genug für alle. Diese Bedürfnisse nähren dich. Dich achtsam und mitfühlend mit ihnen zu verbinden, bedeutet, dich um die Quelle deiner Lebendigkeit zu kümmern.

Öffne dann nach einer Weile deine Augen, falls sie geschlossen waren. Kehre zurück in den Raum, in dem du bist, mit all deinen Sinnen. Nimm wieder Kontakt zu deiner Umgebung auf. Lächle dir vielleicht leicht zu, zufrieden und dankbar für diese Pause, die du dir gegönnt hast.

Fehler zu machen, ist erlaubt!

Selbstmitgefühl lehrt uns, dass wir nicht alles können müssen. Der innere Kritiker verlangt hingegen Perfektion. Das Perfekte lässt sich auf dieser Welt nur ganz selten blicken. Davon abgesehen gehört es zum Mensch-Sein, Fehler zu machen. Uns diese Fehler zu verzeihen, ebenfalls. Wenn wir Mitgefühl für uns selbst und andere Menschen entwickeln, nehmen wir Abschied vom Perfektionismus. Wir werden menschlicher.

Unser Herz für uns selbst zu öffnen, braucht Zeit. Es braucht Übung. Wir erlangen mehr Mitgefühl, indem wir anfangen, Ja zu uns selbst zu sagen. Ja zu dem, was wir sind und wer wir sind. Indem wir uns annehmen, ohne uns permanent perfektionieren zu wollen.

Lass dir Zeit, bis du dir selbst aus ganzem Herzen Mitgefühl schenkst. Bedenke, dass der Weg zu mehr Selbstmitgefühl an manchen Tagen ein langer und anstrengender Weg sein kann. Gestehe dir ein, wenn dein innerer Kritiker dich auf diesem Weg nicht ernst nimmt, dich auslacht oder dir in den Rücken fällt. Das alles gehört dazu. Nimm es mit Mitgefühl wahr. Anstatt dich dafür anzuklagen, dass nicht alles so schnell geht, wie du es dir erhoffst, entwickle Geduld, Verständnis und Zuversicht.

Übung: Geduld entwickeln

Komm in eine aufrechte Sitzposition und nimm ein paar tiefe und bewusste Atemzüge.

Wenn du magst, dann lege deine Hand auf dein physisches Herz oder auf deinen Herzraum.

Atme einige Male in diesen Bereich hinein.

Und nun überlege dir, was dich in deinem Leben unterstützen könnte und was du dir dafür wünschst. Vielleicht bist du derzeit sehr gestresst und wünschst dir mehr Gelassenheit in deinem Leben. Möglicherweise ärgerst du dich darüber, dass die Stimmen deiner inneren Kritiker immer noch laut sind. Dann könnten deine Wunschsätze zum Beispiel folgendermaßen lauten:

»Möge ich gelassener sein.«

»Möge ich in Stresssituationen entspannter mit mir umgehen.«

»Möge ich achtsamer und fürsorglicher mit mir umgehen.«

»Möge ich ruhiger werden.«

»Möge ich es akzeptieren, dass ich alte Muster nicht von heute auf morgen auflösen kann.«

»Möge ich Wege finden, liebevoller mit mir und meinen inneren Kritikern umzugehen.«

»Möge ich glücklich mit mir und meinen inneren Kritikern sein.«

»Möge ich großzügiger mir gegenüber sein.«

»Möge ich inneren Frieden mit meinen inneren Kritikern finden.«

»Möge ich heil sein.«

Anfangs kann es sehr ungewohnt sein, innerlich solche Sätze auszusprechen. Auch hier ist es wie mit dem Training eines Muskels: Es braucht etwas Übung. Und wenn es dir gelingt, dir jeden einzelnen Satz von ganzem Herzen zu wünschen und dich selbst davon berühren zu lassen, wirst du die wohltuende Wirkung genießen können.

Betrachten wir uns selbst aus dem Regiestuhl heraus mit Mitgefühl und betreiben wir Selbstfürsorge, werden sich auch unsere inneren Kritiker entspannen. Wir werden lernen, dass wir Fehler machen dürfen. Wir hören auf, uns durchs Leben zu peitschen, und machen stattdessen öfters eine Pause.

Halt inne!

»Geliebtes Kind, dass du immer nur rennst
und rennst.
Bitte halte inne.
Bitte höre auf damit, immer nur zu laufen.
Warum läufst du so schnell?«
»Ich kenne nur das Höher-Schneller-Weiter.
Ich weiß nicht, wie es geht, nicht zu rennen.
Deshalb renne ich.«
»Geliebtes Kind, dass du dich immer bemühst,
etwas Besonderes zu sein.
Bitte halte inne.
Bitte höre auf damit, immer zu versuchen,
etwas Besonderes zu sein.«
»Wenn ich damit aufhöre, höre ich auf zu sein.«
»Ach, geliebtes Kind, dass du dich so abrackerst!
Du bist doch noch viel mehr als das
verrückte Rennen.
Du könntest auch am Leben Freude haben,
ohne zu rennen.«
»Wohin sollte ich gehen?«
»Geh dorthin, wo du zu Hause bist –
dorthin, wo du dich selbst findest.
»Geh dorthin, wo du einfach sein kannst –
Dorthin, wo du zu Hause bist.«[8]

Übung: Das Tun sein lassen

Diese entspannende Meditation kannst du sprechen und dich dabei aufnehmen. Dann hörst du dich selbst, wie du dich zu einer Pause einlädst.

Mache diese Meditation immer, wenn du dich von deinem inneren Kritiker zu etwas getrieben fühlst. Halte dann bewusst inne, um den Kreislauf des Höher-Schneller-Weiter zu unterbrechen.

Setze dich in deinen Regiestuhl oder auf dein Meditationskissen. Komme an auf dieser Unterlage. Lass dir Zeit, anzukommen. Du kannst deine Augen ganz oder halb schließen.

Nimm nun mitfühlend deinen ganzen Körper wahr: die Füße, Beine, den Oberkörper, die Arme, Schultern, den Nacken, das Gesicht. Triffst du auf Spannungen, schenke ihnen Achtsamkeit, Sanftheit und Mitgefühl.

Richte deine Aufmerksamkeit auf deinen Atem.

Bei der Einatmung richte deine Aufmerksamkeit auf deinen Unterbauch, der sich sanft mit der Einatmung hebt.

Ausatmend nimmst du wahr, wie dein Bauch loslässt. Schenke dir mit der Ausatmung eine Pause vom Tun.

Mit dieser Ausatmung lässt du los, mit dem Loslassen erreichst du den gegenwärtigen Augenblick. Raus aus der Zerstreutheit, rein in die Begegnung mit dir selbst. Nimm wahr, wie es sich anfühlt, einfach innezuhalten, präsent zu sein. Tauchen Gedanken, Empfindungen, Gefühle auf? Nimm wahr, wie es sich anfühlt, in diesem Augenblick präsent zu sein. Sei einfach still.

Jedes Mal, wenn dein Geist abschweift, lade ihn zur Umkehr ein. Jedes Mal, wenn sich dein innerer Kritiker meldet, bitte ihn, zu schweigen.

Schweigen. Pause machen. Zur Ruhe kommen. Daran bist du nicht gewöhnt. Beobachte die Kommentare deines inneren Kritikers. Beobachte die Reaktionen in deinem Körper. Da ist möglicherweise Widerstand. Dein innerer Kritiker rebelliert mit Sätzen wie: »Du hast so viel zu tun, da ist es Schwachsinn, nichts zu tun.« Beobachte diese Sätze und die Macht, die sie über dich haben. Bitte deinen inneren Kritiker noch einmal zu schweigen. Erkläre ihm, dass du dir jetzt eine Pause erlaubst. Eine Pause, in der du deinen Körper spürst, dich mit deinem Atem verbindest, in deinem Leben ankommst. Sag ihm, dass es genau das Richtige ist, was du jetzt tun kannst. Sag ihm, dass du dich entschieden hast, der Diktatur des Tun-Müssens nicht nachzugeben. Erkläre ihm, dass du dich für eine Pause entschieden hast.

Wenn du nach einer Weile das Gefühl hast, dich erholt zu haben, dann öffne deine Augen, und recke und strecke dich.

Ja sagen zu dem, was ist

Ich persönlich habe lange gebraucht, bis ich ein tiefes Verständnis von Achtsamkeit erlangt habe. Achtsamkeit wird gerne falsch verstanden. Es wird versucht, Achtsamkeit zu instrumentalisieren. Achtsam zu sein, bedeutet nicht, dass wir uns von unseren Gefühlen abschneiden. Gefühle dürfen da sein. Sie dürfen gefühlt werden. Aber was wir nicht mehr tun: Wir verlieren uns nicht mehr in den Geschichten, die mit den Gefühlen zusammenhängen. Achtsamkeit bezieht sich immer darauf, was gerade passiert. Achtsamkeit akzeptiert, welche inneren Kritiker sich jetzt in diesem Moment zeigen. Normalerweise sind wir im Widerstand und wollen sie nicht wahrhaben oder wollen, dass sie verschwinden – und mit ihnen der ganze Schmerz, der mit ihnen zusammenhängt.

Selbstmitgefühl bezieht sich auf denjenigen Menschen, der gerade eine Erfahrung mit seinen inneren Kritikern macht und das Leid wahrnimmt, das diese Erfahrung mit sich bringen kann.

Achtsamkeit fragt: »Was nehme ich jetzt gerade körperlich, gedanklich und emotional wahr?« Achtsamkeit untersucht diese Erfahrung offen und wertfrei. Sie betrachtet die inneren Kritiker ohne Schuldzuweisung, ohne die Tendenz, sie anders haben zu wollen.

Selbstmitgefühl sagt: »Versuche, möglichst liebevoll mit dir umzugehen, während du die inneren Kritiker wahrnimmst.«

Wenn wir achtsames Mitgefühl praktizieren, dann fragen wir uns: »Ist es dir möglich, diese Erfahrung und dich selbst – und auch die inneren Kritiker – in liebevollem Gewahrsein zu halten?«

Wiederhole die Übungen in diesem Kapitel nach Möglichkeit regelmäßig. Sie werden dich darin unterstützen, dass du dich mit dir selbst wohler fühlst. Sie werden dir mehr Selbstsicherheit vermitteln und dir dabei helfen, auch den inneren Kritikern zukünftig achtsamer und mitfühlender gegenüber zu begegnen.

TEIL 4: ROLLEN NEU BESETZEN

Sei kreativ.
Sei mutig.
Sei du selbst.

Um in einen guten Austausch mit unseren inneren Kritikern zu kommen, brauchen wir Abstand zu ihnen. Dies gelingt uns gut, nachdem wir selbst den Regiestuhl übernommen haben. Wir können uns niederlassen in diesem Regiestuhl und das, was passiert, wenn sie aktiv sind, aus einer gewissen Distanz betrachten. Dies können wir, indem wir uns ganz entspannt in unserer Vorstellung in dem Sessel zurücklehnen und von dort aus auf eine Art innere Bühne schauen. Wir schauen uns unsere inneren Protagonisten wie auf einer Theaterbühne an. Wir betrachten sie mit Distanz, ohne uns mit ihnen zu identifizieren.

Mit Achtsamkeit und Selbstmitgefühl bist du gut ausgestattet, um deine inneren Querulanten aus der Ferne neu zu betrachten. Gib ihnen eine Gestalt, einen Namen und eine Rolle. Sieh zu, wie sie dir in den letzten Jahren deine

Erfolge streitig machen wollten, während andere dich lobten. Oder wie sie sich aufplustern, wenn du etwas falsch gemacht hast. Mach dir bewusst, dass du Regisseur und Schauspielerin zugleich bist. Mach dir auch klar, dass du jetzt bewusst entscheiden kannst, wann es an der Zeit ist, dem inneren Kritiker die Hauptrolle zu entziehen. Tu dies mit Fingerspitzengefühl. Nimm den inneren Persönlichkeitsanteil mitfühlend und liebevoll in den Arm, wenn du ihn aus dem Stück nehmen willst. Erkläre ihm, dass er heutzutage nicht mehr geeignet ist für die Hauptrolle. Überlege mit ihm, welche andere Rolle er ausfüllen könnte. Eine Rolle, in der er nicht überfordert ist. Eine Rolle, die du ihm als Erwachsene zuteilst. Würdige sein Bedürfnis, die Hauptrolle weiterhin ausführen zu wollen. Versuche, ihm dabei mit dem Herzen zu begegnen. Stell dir auch wieder das kleine Kind vor, das du warst, als der innere Kritiker bei dir eingezogen ist. Was hätte das Kind damals gebraucht, wenn es eine Rolle bekommen hätte, die es nicht ausfüllen konnte? Lass dir Zeit in diesem Prozess. Manchmal wird es einfach sein, einen Moment des Vertrauens entstehen zu lassen. Manchmal dauert es etwas länger, die Ruhe zu finden, die es braucht, um dem inneren Kritiker Zuversicht zu vermitteln.

Auf den nächsten Seiten wirst du einige Übungen und Meditationen finden, die dich darin unterstützen, alte Rollen zu hinterfragen und manche Rollen neu zu besetzen.

Übung: RAIN – vier heilsame Schritte

Ein sehr hilfreiches Werkzeug im Umgang mit dem inneren Kritiker ist RAIN. Es ist eine Methode, die deine Achtsamkeit und dein Selbstmitgefühl noch einmal mehr stärken wird. Die amerikanische Meditationslehrerin Tara Brach entwickelte RAIN. Jeder Buchstabe der Bezeichnung steht für einen Schritt: **R**ecognize, **A**cknowledge, **I**nvestigate, **N**on-identification.

Ganz unabhängig davon, wie dein innerer Kritiker gerade wieder auf der Bildfläche erscheint und Gefühle von Angst, Sorge, Wut, Langeweile … in dir auslöst, erlaubt dir RAIN einen mitfühlenden Blick auf den inneren Kritiker und hilft dir, einen liebevollen Umgang mit ihm zu entwickeln.

Die vier Schritte sind:

1. Erkennen: »Ich erkenne, was jetzt gerade in diesem Moment passiert.«
2. Anerkennen und Zulassen: »Alles was ist, darf sein. Ich erkenne an, was gerade passiert.«
3. Erforschen: »Ich wende mich meinem inneren Befinden achtsam und mitfühlend zu.«
4. Nicht-Identifizieren: »Ich verliere mich nicht in den Gefühlen, die da sind. Und auch nicht in der Geschichte, die mit diesen Gefühlen einhergeht.«

RAIN hilft uns dabei, die Stimme des inneren Kritikers wahrzunehmen, ohne uns damit zu identifizieren. Es unterstützt uns darin, dass wir das obsessive Denken oder das ständige Kritisiert-Werden vom inneren Kritiker hinter uns lassen.

Schritt 1: Ich erkenne, was ist

In dem Moment, in dem wir unsere Achtsamkeit nach innen lenken, beginnt der Prozess des Erkennens. Wir nehmen wahr, was immer sich auch zeigt oder entsteht: Gedanken, Gefühle, Körperempfindungen. Dabei kann es unterstützend sein, innezuhalten und sich selbst zu fragen:

Was nehme ich jetzt gerade in meinem Körper wahr?
Welche Gedanken sind gerade jetzt da?
Welche Gefühle sind anwesend?

Betrachte alles, was auftaucht, mit einer ganz natürlichen, offenen und wertfreien Neugierde. Lasse alle Erwartungen los. Und lass auch die Vorstellungen los, was sich zeigen könnte, sollte oder müsste. Wende dich einfach deinen momentanen Empfindungen zu.

Wenn wir das Erkennen zulassen, brauchen wir unliebsame Zustände nicht mehr zu unterdrücken. Ganz im Gegenteil. Es kann sich endlich alles zeigen, was da ist – und was lange unterdrückt wurde.

Beim Erkennen kannst du entweder bei der Wahrnehmung und der Benennung bleiben oder es wertfrei benennen: »Da ist Angst.« (Denken) »Da ist ein Kribbeln.« (Empfinden) »Jetzt bin ich voller Freude.« (Gefühle) Versuche, gleich nach dem Benennen wieder zur Empfindung zurückzukehren. Wenn du dich zu viel mit dem Benennen beschäftigst, kann dich das von der unmittelbaren Empfindung wegbringen.

2. Schritt: Ich erkenne an, was ist, und lasse es zu

Alles, was sich zeigt, darf sein. Das setzen wir der gewohnten Abneigung und den Widerständen gegen gewisse unangenehme Zustände entgegen. Im Laufe der Übung können andere Qualitäten des Anerkennens in den Vordergrund treten, sodass eine innere Heilung durch das Anerkennen und Zulassen erfolgen kann. Eine klaffende Wunde kann erst dann heilen, wenn wir sie als solche anerkennen.

Erkenne an, was ist, und lasse Wahrnehmungen zu, indem du leise oder innerlich »Ja!« sagst. Achte darauf, dass du unliebsame Zustände nicht übergehst, indem du sie zu schnell gutheißt, damit du dich schnell wieder angenehmen Zuständen zuwenden kannst. Sei offen und wach und verstecke deinen Widerstand nicht im Tarnmäntelchen der Akzeptanz.

Anfangs kann es sehr ungewohnt sein, alles da sein zu lassen. Es ist die Tendenz unseres Geistes, alles Unangenehme wegschieben und Angenehmes festhalten zu wollen. Aber genau darin, alles da sein zu lassen, besteht die Möglichkeit, einen ganz neuen Zugang zu den inneren Kritikern zu bekommen. Erst dadurch, dass wir sie da sein lassen, können sie sich zeigen. Dann können wir mit ihnen in einen Dialog gehen und erkennen, warum sie da sind. Dann findet tiefe Heilung statt.

3. Schritt: Ich erforsche, was sich zeigt

Richte mitfühlend deine Aufmerksamkeit auf das, was du gerade wahrnimmst. Es ist ein kleiner, wichtiger Schritt von der Wahrnehmung zur Erforschung der Wahrnehmung:

Was benötigt gerade meine Aufmerksamkeit?

Was sagt der innere Kritiker gerade?

Wie fühlt es sich in meinem Körper an, wenn er zu mir spricht?

Das Erforschen findet nicht mit dem Verstand – dem Wieso und Warum – statt, sondern auf einer Ebene des Wahrnehmens. Wir fühlen, was gerade da ist.

So kann sich hinter der unmittelbar wahrnehmbaren Angst vor der Kritik des Chefs eine Stimme des inneren Kritikers befinden, die sagt: »Ohne Fleiß keinen Preis.

Du hast nicht alles gegeben.« Diese innere Stimme kann uns auch ein Gefühl von Bewusstheit für die Angst schenken. Und auch ein Gefühl für eine Traurigkeit, die hinter der Angst steckt. Solange wir die Gefühle nur oberflächlich wahrnehmen, können wir den Schmerz nicht loslassen und werden uns weiterhin mit ihm identifizieren. Mitgefühl spielt hier eine zentrale Rolle. Ein liebevoller Umgang mit uns selbst und auch mit den inneren Kritikern wird es uns möglich machen, kein neues Leid zu produzieren, weil wir alles mit dem offenen Herzen des Mitgefühls halten.

Tara Brach empfiehlt, dass wir uns selbst so erforschen, als würde unser Kind weinend von der Schule nach Hause kommen, nachdem es in der Schule von den Mitschülern gehänselt wurde. Wenn wir unserem Kind mitfühlend und mit ungeteilter Aufmerksamkeit begegnen, wird sich das Kind leichter öffnen und wir werden dann eher herausfinden, was genau passiert ist und wie sich unser Kind fühlt.

Schenke dir selbst gegenüber die gleiche ungeteilte Aufmerksamkeit beim Erforschen deines Selbst. Du kannst dir dabei auch vorstellen, dass du als Erwachsene deinem inneren Kind aufmerksam zuhörst. Denn beim Erforschen können wir die Erfahrungen machen, dass viele der zugedeckten Gefühle aus unserer Kindheit stammen. Und wir werden dann auch die Situation erleben können, in der unser innerer Kritiker bei uns eingezogen ist.

4. Schritt: Ich identifiziere mich nicht mit dem, was ich erforsche

Im vierten Schritt schließen wir den Prozess ab. Wir sind uns vollkommen bewusst über das, was wir sind – oder nicht sind. Durch die Nicht-Identifikation mit der Wahrnehmung erkennen wir, dass wir nicht begrenzt sind durch eine bestimmte Anzahl an Emotionen, Wahrnehmungen, Gedanken oder Gefühlen. Wir sind nicht unsere Gefühle. Wir sind nicht unsere Geschichten. Wir sind nicht unsere inneren Kritiker. Damit gemeint ist, dass sie nicht zu uns gehören. Wir identifizieren sie nicht länger als Ich oder Mein. Wir realisieren, dass sich alles verändert: Von »Ich bin total wütend« zu »Ich nehme Wut wahr«.

Die ersten drei Schritte setzen eine Einkehr in unser Inneres voraus. Die Nicht-Identifikation ist ein Resultat. Wir können das Nicht-Identifizieren nicht erzwingen. Es stellt sich spontan ein. Aber wir können üben, uns mehr und mehr von Identifikationen zu lösen.

Lass alles los

Lass alles los,
Entspanne dich.
Lass alles los, bis auf diesen Moment.
Lass die Vergangenheit los.
Lass die Zukunft los.
Lass die Vorliebe los.
Lass die Abneigung los.
Lass alles los, bis auf diesen Moment.
Lass deine Kritiker los.
Lass deine Ängste los.
Lass deine Zweifel los.
Lass deine Vorstellungen vom Loslassen los.
Lass deine Saboteure los.
Lass alles los, bis auf diesen Moment.
Lass alles los.
Lass los.
Alles.
Auch diesen einen Moment.

BEQUEMLICHKEIT, ADE

Erst durch regelmäßiges Üben wirst du die Sprache deiner inneren Kritiker entschlüsseln und lernen, mit ihnen in einen Dialog zu gehen, ihnen etwas Wirksames entgegenzusetzen und ihnen die Rollen zu geben, die ihnen gebühren. Durch die Achtsamkeit und das Selbstmitgefühl wirst du dir selbst Aufmerksamkeit auf eine Art und Weise schenken, wie du es vermutlich nicht gewohnt bist. Das kann anfangs irritierend sein, und deine inneren Feinde werden sich bestimmt vehement zu Wort melden. Dich mit Freude und Glück zu verbinden, ist natürlich etwas ganz anderes, als wenn du dich selbst permanent anklagst und schlechtmachst. Dir selbst zu erlauben, diese positiven Gefühle zu empfinden und zu genießen, kann eine große Herausforderung darstellen.

Ändern wirst du nur langfristig etwas, wenn du dein Verhalten änderst – und zwar langfristig. Verhaltensweisen sollen über Bord geworfen und neue Gedankenmuster etabliert werden. Die inneren Persönlichkeitsanteile fühlen sich ziemlich wohl bei dir. Sie wollen dich schützen und halten sich deshalb für unersetzlich. Es braucht viel Fingerspitzengefühl, um ihnen zu vermitteln, dass sie nicht mehr länger die Hauptrolle spielen werden. Begegnest du ihnen mit Würde, Respekt und Freundlichkeit, ist das eine vollkommen neue Herangehensweise, die dir sicher wie keinem von uns auf Anhieb leichtfällt.

Mach dir bewusst, dass dein innerer Kritiker nicht gleich glauben wird, dass du ohne ihn leben kannst. Motivationsbremsen täglich etwas entgegenzusetzen, erfordert große Entschlossenheit. Wenn deine innere Saboteurin dich heute wieder davon abhalten will, wenn du dich gerade auf das Meditationskissen setzen möchtest, um deine Körperempfindungen achtsamer wahrzunehmen, sage dir heute: »Mein innerer Kritiker kann mich mal!«

Da deine inneren Saboteure in allen Lebenslagen aktiv sind, ist es wichtig, dich regelmäßig aus der Komfortzone zu holen und bewusst in die Aktion zu gehen. Am wirksamsten sind all die Übungen also, wenn du sie immer und immer wieder ausführst. Es heißt: Wer viel übt, wird viel ernten. Wer wenig übt, wird wenig ernten. Heilung ist ein Prozess, bei dem du ein neues Verhältnis zu dir selbst entwickelst. Es wird schon ein paar Wochen oder Monate dauern, bis dir die Übungen so in Fleisch und Blut übergegangen sind wie das tägliche Zähneputzen und all die anderen Rituale, die du dir angewöhnt hast. Um diese Übungen zum Teil deines Lebens zu machen, ist es hilfreich, wenn du sie die ersten drei Monate immer zur gleichen Zeit machst. Irgendwann wirst du sie so verinnerlicht haben, dass es dir fehlt, wenn du sie nicht machst.

Mit der folgenden Meditation kannst du deine inneren Kritiker ganz bewusst entlassen.

Übung: Den inneren Kritiker entlassen

Komm in eine aufrechte Sitzhaltung und stell dir vor, dass du wieder in deinem Regiestuhl sitzt. Dieses Mal sitzt du in einem Konferenzraum. Es ist der Castingraum. Es ist der Raum, in dem du die Rollen für dein neues Leben verteilst und die Zusammenarbeit mit manchen deiner Protagonisten kündigst.

Lass dich in deinem Regiestuhl nieder und nimm wahr, wie bequem er ist. Schau dir auch diesen wunderschönen Konferenzraum an. Er ist ganz nach deinem Geschmack eingerichtet. Du schaust auf die Türe deines Konferenzraums, die jetzt aufgeht. Herein kommt dein innerer Kritiker. Er sieht sehr erschöpft aus. Du lächelst ihn an und bittest ihn, auf dem Stuhl dir gegenüber Platz zu nehmen.

Während er Platz nimmt, öffnest du ganz bewusst dein Herz für ihn. Du schaust ihn mitfühlend an. Er ist deine eigene Schöpfung. Du hast ihn vor vielen, vielen Jahren erschaffen. Und er hat dir viele, viele Jahre gedient. Dann bedankst du dich bei ihm dafür, dass er gekommen ist. Und du dankst ihm auch dafür, dass er dir all die Jahre gedient hat. Und du sagst ihm, dass er all die Jahre sein Bestes gegeben hat. Du erkennst an, dass er all die Jahre in einer Art zu dir gesprochen hat, wie du es von ihm erwartet hast. Schließlich wolltest du perfekt und fehlerlos sein. Aber heute weißt du, dass es ein Ding der Unmöglichkeit ist, perfekt zu sein. Du sagst ihm, dass du heute sogar weißt, dass du ganz in Ordnung bist, so wie du bist. Und dass du auch gelernt hast, dich zu lieben, so wie du bist, weil du dir jetzt selbst mit viel mehr Achtsamkeit und Selbstmitgefühl begegnest. Du sagst ihm, dass du heute bereit bist, Verantwortung für dich selbst zu übernehmen. Und dass er Urlaub verdient hat. Sage ihm, dass du siehst, wie erschöpft er aussieht, und dass du ihm gerne eine schöne Reise schenken möchtest. Er hat es verdient, sich auszuruhen.

Wenn er dir nicht glaubt, dass du alleine klarkommst, dann kannst du ihn bitten, dich einmal genau anzuschauen. Frage ihn: »Wie alt bin ich jetzt?« Und wenn er dich dann genau anschaut, wird er erkennen, dass du erwachsen bist. Er wird sehen, dass du selbstständig bist. Du kannst ihm sagen, dass du bereits seit vielen Jahren Geld verdienst, ein Auto fährst und selbst für dich sorgen kannst. Zähle ihm auf, was du alles als Erwachsene erreicht hast.

Wenn er merkt, dass du erwachsen bist, stehe auf, gehe um den Konferenztisch herum und nimm ihn in den Arm. Danke ihm noch einmal. Vielleicht seid ihr beiden jetzt sehr traurig und müsst weinen. Vielleicht bemerkt der innere Kritiker jetzt erst, wie erschöpft und müde er ist. Halte ihn in deinem Arm und gib ihm Trost. Er hat ihn verdient. Du kannst ihm auch anbieten, dass er jederzeit zu dir kommen kann, wenn er Trost oder Hilfe braucht.

Begleite ihn dann zur Türe und verabschiede ihn dort. Setze dich nun wieder in deinen Regiestuhl. Vielleicht ist da ein Gefühl von Traurigkeit, dass er jetzt gegangen ist. Vielleicht ist da auch ein Gefühl von Freude. Lasse alles da sein, was sich zeigen möchte.

Mache dir dann bewusst, dass du jetzt ein ganz neues Drehbuch schreiben kannst.

DIE KRITIK DES KRITIKERS ÜBERPRÜFEN

Es wird auch Persönlichkeitsanteile geben, die du nicht entlassen musst. Wenn du erkennst, dass sie dir eigentlich dienen wollten, können aus Feinden Freunde werden. Freundschaft können wir dann schließen, wenn wir uns bewusst werden, worin uns unsere inneren Kritiker unterstützen können. Denn vielleicht verbirgt sich ja hinter der einen oder anderen Kritik ein bisschen Wahrheit.

Stell dir folgende Situationen vor:

Du kommst nach deinem Urlaub in dein Büro und es sieht aus, als hätte jemand eingebrochen. Dabei herrscht hier deine normale Unordnung. Nach einem Urlaub mit etwas Distanz siehst du erst wieder, wie chaotisch es dort ist. Dein innerer Kritiker wird dir vielleicht vorwerfen, dass du viel zu chaotisch bist. Möglicherweise sagt er, dass du bei so viel Chaos beruflich versagen wirst. Oder er flüstert dir ins Ohr, dass deine Erfolge sowieso nur auf Hochstapelei basieren und du bald auffliegen wirst. Mag sein, dass das maßlos übertrieben ist. Unter Umständen spiegelt diese überspitzte Kritik deinen tiefen Wunsch wider, ordentlicher zu werden. Möglicherweise leidest du schon viel zu lange unter deiner Unordnung und würdest viel lieber in einem Büro sitzen, in dem du dich gut konzentrieren kannst, weil alles an seinem Platz ist.

Vielleicht sind die permanenten Einwände deines inneren Kritikers, dass deine Fremdsprachenkenntnisse nicht wirklich gut sind, ein Wink mit dem Zaunpfahl, endlich konkrete Schritte zu unternehmen und einen Sprachkurs zu belegen. Mag sein, dass er sich dabei im Ton vergriffen hat. Aber nur, weil er es bis dato nicht anders gelernt hat.

Vielleicht ist dieses dumpfe Gefühl, das dir dein innerer Kritiker vermittelt, wenn du einen Vortrag hältst, ein gut gemeinter Rat, dass du dir mehr Zeit für die Vorbereitung nehmen solltest. Vielleicht möchte er dir auch ans Herz legen, einen Coach zu engagieren, damit du dein Potenzial voll entfalten kannst.

Wie wär's, wenn du die Kritik deiner inneren Kritiker einmal dahingehend überprüfst, ob unter Umständen nicht ein bisschen Wahrheit in dem steckt, was sie sagen? Und wenn du erkennst, dass etwas dran ist an dem, was sie sagen, dann kannst du dich bei ihnen bedanken.

VERZEIHEN LERNEN

Wenn wir erkennen, dass unsere inneren Nörgler uns eigentlich schützen wollten, sind wir auf dem Weg zu mehr innerem Frieden einen großen Schritt weitergekommen. Je achtsamer wir auf diesem Weg werden, je mehr Selbstmitgefühl und Liebe wir in unsere Gedanken einfließen lassen und sie ins Herz lenken, desto weniger Raum haben die gnadenlosen Urteile der Kritiker, um unseren Selbstwert zu unterminieren. Wir fangen an, Frieden mit uns zu schließen.

An diesem Punkt angelangt, werden wir uns leichter tun, anderen und uns selbst zu verzeihen. Mit »anderen« sind die Menschen gemeint, die uns veranlasst haben, einen inneren Kritiker zu Hilfe zu holen. Wir werden uns selbst verzeihen, dass wir als Erwachsene so lange zugelassen haben, dass der innere Saboteur uns immer und immer wieder in den Rücken gefallen ist.

Wenn wir beginnen, uns selbst mit Mitgefühl zu betrachten, können wir uns auch für den Schmerz der Vergangenheit öffnen, den wir mit uns herumtragen. Wir können unser Verhalten mit den Augen der Liebe betrachten und brauchen uns nicht länger dafür zu schämen, wie wir in bestimmten Situationen reagiert haben. Wenn wir Vergangenes anerkennen, wenn wir schwierige Gefühle wie Eifersucht, Kälte, Ignoranz, Verwirrtheit und unseren Hochmut da sein lassen, ohne uns dafür zu schämen, uns dafür zu verurteilen oder uns damit zu identifizieren, beginnt der Schmerz der Vergangenheit zu heilen.

Öffnen wir uns für uns selbst, lernen wir, unsere Gefühle zu akzeptieren, ohne uns in ihnen zu verlieren. Wir geben uns die Erlaubnis, unseren Kummer, unsere Enttäuschung und unseren Schmerz als Körperempfindung wahrzunehmen, ohne uns von den daraus resultierenden Geschichten, Vorwürfen und Urteilen der inneren Kritiker überfluten zu lassen.

Übung: Vergangenes anerkennen und uns selbst vergeben

Die Meditation der Vergebung wird auf folgende Weise praktiziert:

Wir bitten andere um Vergebung.
Wir vergeben unserem inneren Kritiker.
Wir vergeben anderen.

Komm in eine aufrechte Haltung, schließe, wenn möglich, deine Augen.

Atme sanft und natürlich ein und aus.

Entspanne dich. Wenn du magst, kannst du eine Hand auf deinen Herzraum legen. Durch diese Berührung ist es oftmals leichter, Mitgefühl für uns selbst und andere zu entwickeln.

Nimm mithilfe deiner Atmung innerliche Blockaden auf. Damit gemeint sind schmerzvolle Gefühle, die dich blockieren können, weil du dir selbst oder anderen nicht vergeben hast. Atme ruhig und sanft und wende dich dann dem ersten Teil der Übung zu:

Ich bitte andere um Vergebung.

Möglicherweise hat dich dein innerer Kritiker dazu veranlasst, andere Menschen zu verraten, ihnen bewusst oder unbewusst zu schaden, sie im Stich zu lassen, sie zu hintergehen oder zu verraten.

Du kannst dir jetzt sagen: »Ich habe anderen Menschen aus Angst, Neid, Eifersucht, Wut, Verwirrung und Kummer wissentlich und unwissentlich Schaden und Schmerz zugefügt.«

Lass Erinnerungen auftauchen, wie du andere Menschen verletzt hast. Häufig steigen Bilder oder Erinnerungsfetzen auf. Mache dir bewusst, dass du anderen Leid zugefügt hast. Nimm das Bedauern darüber wahr und zur Kenntnis. Gib dir die Zeit, die es braucht, um diese schmerzvollen Erinnerungen aufzuspüren und zuzulassen. Wer immer dir im Verlauf dieser Praxis in den Sinn kommt, sage diesem Menschen innerlich: »Ich bitte um Entschuldigung. Bitte vergib mir, was ich dir angetan habe.«

Ich vergebe meinem inneren Kritiker.

So wie du anderen geschadet hast, hat dich dein innerer Kritiker – und damit du selbst – auf vielfältige Weise verletzt und dir geschadet. Du hast dir so selbst bewusst oder unbewusst in Gedanken, Worten und Taten viele Male Leid zugefügt. Du hast dich selbst verraten und dir selbst geschadet.

Auch hier ist es hilfreich, eine Hand auf einen Bereich deines Körpers zu legen, der dich unterstützt und es dir leichter macht, mit dir selbst in Kontakt zu kommen. Nimm wahr, auf welche Weise du dir selbst Kummer und Leid zugefügt hast. Lass das Bedauern zu, das du darüber empfindest, dass du dir selbst geschadet hast. Verzeihe dir der Reihe nach all die Wunden, die du dir selbst zugefügt hast.

Sage dir selbst: »Ich verzeihe meinem inneren Kritiker von ganzem Herzen, dass er mir durch mein Denken und Handeln, aber auch durch mein Unterlassen Angst, Schaden und Verwirrung zugefügt hat. Ich verzeihe ihm von ganzem Herzen, weil ich heute weiß, dass er mich schützen wollte.

Ich vergebe anderen, die mir geschadet haben.

Andere Menschen haben ebenfalls innere Kritiker in sich, die dir bewusst oder unbewusst Schaden in Gedanken, Worten oder Taten zugefügt, dich benutzt, hintergangen oder im Stich gelassen haben. Jeder von uns ist betrogen oder benutzt worden.

Nimm das Leid wahr, das dir von anderen zugefügt wurde. Stell dir vor, dass du eine schwere Last loswerden kannst, wenn du anderen Menschen verzeihst, was sie dir angetan haben.

Sage dafür: »Ich bin mir vieler Situationen bewusst, in denen andere Menschen mir aus Wut, Angst,

Schmerz und Verwirrung Wunden zugefügt haben. Ich habe lange Zeit darunter gelitten. Jetzt ist es an der Zeit, anderen dafür zu vergeben. Ich vergebe anderen Menschen und deren inneren Kritikern, so gut ich es kann. Heute weiß ich, dass auch andere Menschen innere Kritiker haben und sie die Menschen schützen wollen.

Wiederhole diese Übung gerne über mehrere Wochen. Du wirst erstaunt sein, wie viele Menschen und Situationen dir in den Sinn kommen. Und du wirst die Leichtigkeit spüren, wenn du all den Schmerz, die Wut und das Gefühl, ein Opfer der Vergangenheit zu sein, losgelassen hast.

Natürlich soll die Praxis des Verzeihens nicht bedeuten, dass wir uns nicht ärgern sollen, wenn wir ungerecht behandelt wurden. Es soll auch nicht heißen, dass wir keine Wut, Trauer oder Enttäuschung empfinden sollen, wenn wir betrogen, verletzt oder verlassen werden. Es stellt sich immer die Frage, ob es sich lohnt, sich zu ärgern beziehungsweise dem viel Aufmerksamkeit zu schenken, was uns angetan wurde. Wir müssen uns immer bewusst sein, dass das, worauf wir unsere Aufmerksamkeit richten, neuronale Bahnen im Gehirn verstärkt. Denn was immer wir im Laufe unseres Lebens erfahren haben: Alles wird im Gehirn gespeichert.

Alles wird sozusagen in Dateien in unserem Gehirn und in unserem Geist gespeichert. Und jede noch so kleine Erfahrung geht auch heute noch mit uns in Resonanz. Genauer gesagt, basieren all unsere heutigen Gedanken und Handlungen auf gespeicherten Erfahrungen aus der Vergangenheit. Sie prägen unser Denken und Handeln. Alle leidvollen Erfahrungen, die Schmerz ausgelöst haben – egal ob in uns oder in anderen –, blockieren unser Herz. Solange wir diese Erfahrungen nicht transformiert haben, ist unser Herz nicht frei.

Damit gemeint ist nicht, dass wir die Vergangenheit verleugnen sollen oder nur noch alles schönreden sollen. Schmerz, der uns zugefügt worden ist, möchte gesehen und geheilt werden. Heilung erfahren wir nicht, wenn wir uns immer wieder mit dem Leid identifizieren und uns darin baden. Eine Transformation des Herzens ist nur dann möglich, wenn wir anerkennen, was war. Wenn wir es würdigen. Wenn wir es betrauern, dürfen wir es loslassen.

Wer vergibt, ist stark

Sich selbst, den eigenen inneren Kritikern und auch anderen zu vergeben, ist eine große Kunst, und sie impliziert auch eine große Chance. Wer nicht vergibt, bleibt Gefangener der Vergangenheit. So wie ein Vietnamveteran, der seinem Freund erzählte: »Ich denke jeden Tag an den Wächter im Gefängnis, der mich so misshandelt hat.« Sein Freund schaute ihn daraufhin mit vollem Mitgefühl an und sagte: »Dann sitzt du immer noch im Gefängnis.«

Jack Kornfield, ein buddhistischer Meditationslehrer hat dazu Folgendes gesagt: »Man selbst leidet vielleicht noch schrecklich unter der Vergangenheit, während diejenigen, die einen hintergangen haben, Urlaub machen.« Weiter schreibt er: »Hassen tut weh. Ohne Vergebung nährt man den Trugschluss, Schmerzen ließen sich mit Hass vergelten. Durch Vergebung lassen wir los und finden Ruhe im Herzen.«[9]

Vergebung ist eine große Kunst, sie ist auch eine bewusste Entscheidung. Wir lassen nicht länger zu, dass wir in der Vergangenheit gefangen sind. Wir verabschieden uns bewusst aus der Opferrolle. Und noch etwas anderes passiert: Indem wir uns nicht mehr als Opfer der Vergangenheit betrachten, sorgen wir dafür, dass wir zukünftig nicht mehr zum Opfer gemacht werden. Solange wir nämlich innerlich mit Gefühlen des Schmerzes und der Machtlosigkeit zu kämpfen haben, werden wir entsprechend des Gesetzes der Resonanz immer wieder auf Menschen stoßen, die uns zum Opfer machen.

Es braucht viel Größe und Stärke, sich von der Vergangenheit zu lösen. Besonders dann, wenn wir das Gefühl haben, dass wir um unsere Lebenszeit, unsere Liebe und Hingabe betrogen wurden. Es erfordert sehr viel

Kraft und Stärke, mit vergangenen Erfahrungen abzuschließen, in denen wir Schmerz erlitten haben. Lösen wir uns hingegen von unserer Vergangenheit, werden wir innerlich frei, und unser Herz wird weit.

HAUPTROLLEN NEU VERGEBEN

So wie wir innere Feinde installiert haben – und ihnen jetzt die Hauptrollen weggenommen haben –, so können wir uns ganz bewusst dafür entscheiden, heilsame, stärkende und aufbauende Persönlichkeitsanteile in unser Leben einzuladen und ihnen die Hauptrollen zu übertragen. Wie war das doch gleich? Genau: Neuronen, die zusammen feuern, verdrahten sich. Das Schöne daran ist: Wir können einladen, wen wir wollen! Wir sind Schöpfer unseres eigenen Universums. Wir können uns das Leben so gestalten, wie es uns gefällt!

Deine inneren Freunde können sich so mannigfaltig gestalten wie deine inneren Saboteurinnen. Deiner Kreativität sind keine Grenzen gesetzt. Ich möchte dir nun ein paar der Helfer vorstellen, die mich und auch viele meiner Kursteilnehmer darin unterstützt haben, zu mehr innerem Frieden zu finden.

Die beste innere Freundin, der beste innere Freund

Die beste innere Freundin bzw. der beste innere Freund schaut mit freundlichen, wohlwollenden und offenen Augen auf uns und unsere inneren Kritiker. Sie (oder er) ist mitfühlend, ohne sich in Dramen und Geschichten zu verlieren. Sie betrachtet das Geschehen mit Abstand. Sie fühlt mit uns. Sie steht hinter uns. Sie steht uns mit Rat und Tat zur Seite, so wie es beste Freundinnen in unserem Leben eben tun. Eine innere Freundin fühlt mit. Sie bewahrt einen kühlen Kopf, der uns fehlt, wenn uns die inneren Kritiker zu irritieren versuchen. Mit ihrer Hilfe können wir die schwächenden Stimmen in die Schranken weisen, um dann mit fester Stimme zu sagen: »Mein innerer Kritiker kann mich mal!«

Übung: Eine Collage von der besten Freundin

Schau dir Zeitschriften durch und suche dir einen Typ Frau aus, der dir gefällt. Fertige eine Collage für dich und deine innere Freundin an. Stell dir vor, dass du mit ihr all die Sachen unternimmst, die deine innere Spaßbremse dir verbietet. Schneide dazu passende Szenen aus: Eine Reise nach Bali. Ein Yogakurs in Indien. Eine Ayurvedakur auf Sri Lanka, Christmas-Shopping in New York oder ein Klubbesuch in Hamburg.

Nimm dir auch immer wieder Zeit, um dich mit deiner neuen inneren Freundin zu treffen. Erzähle ihr deine Geheimnisse. Lass dich von ihr inspirieren. Genieße es, eine starke Freundin an deiner Seite zu haben.

Traue dich, auch im realen Leben Ausschau nach einer solchen Freundin zu halten. Vielleicht bist du jetzt durch diese Übung inspiriert, dir auch mal ganz neue Freunde zu suchen.

Übung: Auf eine Tasse Tee mit ...

Lade deine innere Saboteurin ein, zusammen mit deiner besten Freundin eine Tasse Tee zu trinken, wenn du das nächste Mal bemerkst, dass sie einen Frontalangriff gegen dich starten will. Du kannst in einem solchen Moment zum Beispiel sagen: »Schön, dich zu sehen! Hast du Lust, mit uns eine Tasse Tee zu trinken?« Und dann stelle ihr die folgenden Fragen:

Warum regst du dich die ganze Zeit auf?
Wovor möchtest du mich warnen?
Was willst du mir sagen?
Worum geht es dir genau?
Wobei genau willst du mir mit deiner Kritik helfen?

Weil der Hang zur Selbstoptimierung dummerweise unserem Zeitgeist entspricht, beginne ich die erste Meditation in jedem meiner Kurse so:

»Lass allen Leistungsdruck los. Alles, was ist, darf sein. Es gibt keine gute und keine schlechte Meditation. Es gibt auch keine richtige und keine falsche Meditation. Es geht darum, dich besser kennen- und liebenzulernen mit allem, was du bist und was dich ausmacht.«

Mit dieser Einleitung gehen die Teilnehmer in die Meditation, und die meisten kommen entspannt wieder heraus. Die Erlaubnis, endlich mal nichts leisten zu müssen, ist Balsam für ihre Seele. Sie merken, dass sie einfach mal sein dürfen. Ohne Erwartungsdruck. Ohne Leistungsnachweis. Ohne Erfolgszwang. Unsere besten Freundinnen nehmen uns auch so, wie wir sind!

Innere Heiler und Heilerinnen

Dieser Aspekt ist möglicherweise der Persönlichkeitsanteil, der zu diesem Buch gegriffen hat. Er tut alles, um deinen inneren Heilungsprozess voranzutreiben.

Wenn du eine Verbindung mit deiner inneren Heilerin oder deinem inneren Heiler aufnimmst und sie (oder ihn) fragst, was du brauchst, können ihre Empfehlungen manchmal sehr einfach sein. Manchmal empfiehlt sie dir vielleicht nur: »Entspann dich!« oder »Lass den Alkohol drei Wochen weg«. Es können Tipps sein, die so banal klingen, dass du es gar nicht glauben willst. Probiere es trotzdem aus.

Übung: Begegnung mit deiner inneren Heilerin

Idealerweise sprichst du diese Übung vorher und nimmst sie auf, um sie dir dann in Ruhe anhören zu können.

Stell dir vor, dass du auf einer Bank an einem Wegrand sitzt.

Du stehst auf, gehst an einer Wiese entlang und entdeckst auf einem kleinen Hügel ein kleines, schnuckeliges Häuschen. Langsam gehst du auf dieses Häuschen zu. Es ist das Heim deiner Heilerin. Sie wartet schon auf dich.

An dem Haus angekommen, klopfst du an die Haustür. Die Heilerin lässt dich ein und bittet dich, Platz zu nehmen. Sie bietet dir eine Tasse Tee an und lädt dich ein, ihr zu erzählen, wo du Schmerzen hast.

Möglicherweise ist dein Leid nicht körperlich, sondern es ist dein Herz, das gebrochen ist. Vielleicht erzählst du ihr Dinge, die du noch nie jemandem zuvor erzählt hast. Schütte ihr dein Herz aus.

Vielleicht möchte sie dich behandeln. Sie hat eine Massageliege, sie hat auch eine große Liege, auf der sie sich mit dir zusammen hinlegen und dich einfach einmal in den Armen halten kann. Möglicherweise kann sie dich auf eine liebevolle Art halten und dir Geborgenheit schenken. Vielleicht kann sie mit dir auf eine Weise kuscheln, die du dir immer von deiner Mutter gewünscht hast. Als Heilerin kann sie auch ihre Hände auf eine Stelle deines Körpers legen, an der sich Schmerz und Leid angesammelt haben.

Öffne dich ihr gegenüber so viel, wie es dir hier und heute möglich ist.

Bevor du gehst, gibt sie dir möglichweise noch einen Rat mit auf den Weg. Sie kann dich darin unterstützen, alte Verletzungen zu heilen und mehr Selbstwertgefühl zu entwickeln, um deinen inneren Widersachern in solchen Momenten Grenzen aufzuzeigen, in denen sie dich schwächen möchten.

Mach dir bewusst, dass du jederzeit zu deiner inneren Heilerin gehen kannst. Sie ist immer für dich da.

Geh nun wieder aus ihrem Haus, über die Wiese und setze dich wieder auf die Bank. Komme langsam zu dir.

Der innere Narr

Dieser innere Helfer ist eine wunderbare Gestalt. Er symbolisiert deine innere Freiheit. Er lädt dich ein, den Weg zu wählen, der dich dorthin bringt, wohin dein Herz dich trägt. Er möchte dich dazu inspirieren, dein Leben zu leben. Auf spielerische Weise will er dich ermutigen, das Leben zu genießen und nicht immer alles so ernst zu nehmen. Seine Qualitäten sind die Spontaneität, die Lebensfreude, die Abenteuerlust und ein gewisses Maß an Naivität.

Der innere Narr weiß, dass das Leben viele Überraschungen bereithält. Sie machen ihm keine Angst. Er weiß, dass du die Herausforderungen meistern wirst, weil du bereits so vieles in deinem Leben bewältigt hast. Er schämt sich nicht dafür, Fehler zu machen. Er verurteilt dich auch nicht dafür, sondern er ist dankbar dafür und erkennt, dass sie ihm alle auf die eine oder andere Weise helfen, um zu wachsen.

Der Narr spielt im Tarot eine besondere Rolle, weil er von Naivität bis Weisheit alles in sich trägt. Aber auch in vielen spirituellen Traditionen ist er ein wichtiger Aspekt. Er ist aufgeschlossen und weltoffen und strebt – als Suchender, als Kind – nach neuem Bewusstsein. Er möchte seine Fähigkeiten erweitern, sein wahres Potenzial erkennen. Er möchte neue Wege gehen, und das mit einer offenen, unbefangenen und lebendigen Haltung. In dieser Unbefangenheit liegt auch gleichzeitig eine tiefe Weisheit.

Der Narr lacht über sich selbst. Er nimmt sich selbst nicht so ernst. Er findet es auch nicht schlimm, Fehler zu machen. Darüber lacht er. Wenn wir lachen, nehmen wir uns selbst und das Leben nicht ganz so ernst. Wir nehmen Abstand zu uns selbst, und das ist das Beste, was uns passieren kann. Lachen verbindet uns mit den positiven Aspekten in uns. Es verbindet uns auch mit anderen Menschen. Lachen ist einfach wunderbar. Es hat keine Sprache, kennt keine Grenzen. Lachen ist ein sehr starkes Zaubermittel gegen innere Saboteurinnen. Es besitzt alle Zutaten, um inneren Frieden zu schließen mit uns selbst, unseren inneren Anteilen und der Welt. Lachen tut einfach so gut, weil wir dadurch entspannen. Vielleicht kennst du solche Momente, die irgendwie skurril oder hochoffiziell sind, und dass du dich deshalb total verspannst oder verkrampfst. Dann schaust du deine Freundin an, die neben dir steht, und ihr beide beginnt scheinbar grundlos zu lachen. Auch wenn es vielleicht nicht in die Situation passt, nach dem Lachflash wirst du dich wahrscheinlich viel entspannter fühlen.
Der innere Kritiker kann es nicht ab, wenn Leute lachen. Er mag es nicht, wenn er die Kontrolle verliert. Er kann es nicht haben, wenn man über Prinzipien hinwegsieht und einfach den Moment genießt. Aber: Der innere Kritiker

kann uns mal! Wir lachen, was das Zeug hält, und genießen das Leben! Lachen tut einfach gut. Wenn wir lachen, landen wir im Jetzt. Wir sind nur hier. Ganz im Körper. Ganz im Moment. Das ist auch etwas, was die inneren Saboteure nicht leiden können. Fixiert auf alten Identifikationen, die auf der Vergangenheit beruhen, können sie das Jetzt nicht leiden. Denn im Hier und Heute haben sie ihren Zweck längst erfüllt.

Ein Blick ins Gehirn

Mittlerweile haben zahlreiche Untersuchungen bestätigt, dass jede Art des Lachens guttut. Egal, ob wir über Pointen, Witze oder Gags, über uns selbst oder andere Menschen lachen, und egal, ob dieses Lachen gekünstelt oder natürlich ist – wir signalisieren damit dem Gehirn, dass wir gerade nicht kämpfen müssen. Wir stimulieren bestimmte Areale im Gehirn, die ein Feuerwerk von Hormonen (Endorphine, körpereigene Morphine) ausschütten. Dadurch wird die Produktion der Stresshormone Cortisol und Adrenalin reduziert. Cholesterin wird ausgeschieden, was wiederum dazu führt, dass Herzinfarkten vorgebeugt werden kann. Körpereigene Botenstoffe werden aktiviert, was die Vermehrung von Tumorzellen reduzieren kann.

Übung: Sei ein Narr

Setze dir eine Narrenkappe auf und lache über dich. Lache, wenn dein innerer Kritiker wieder einmal zu streng mit dir ist. Lache über dich, wenn du wieder alles perfekt machen willst. Lache, wenn dein Perfektionist nicht mit dem zufrieden ist, was du auf den Weg gebracht hast. Lache, wenn dir dein Saboteur das Lachen verbieten will. Nimm dich nicht so ernst.

»Sei dir selbst ein Witz, der dich erheitert«, sagte der indische Guru Osho! Ein weiser Rat, dem wir ebenfalls folgen können.

Wenn es dir schwerfällt, über dich selbst zu lachen, dann stelle dir vor, dass du ein lustiges Theaterstück aufführen sollst. Setze dich dazu bewusst in deinen Regiestuhl und stell dir eine Szene vor, in der dir deine innere Panikmacherin Stress bereitet hat. Spiele diese Szene überspitzt nach. Überzeichne die Figuren und die Szene. Das macht es oft leichter, sich dem Lachen über sich selbst anzunähern.

Der innere Dompteur

Im Buddhismus wird der Geist gerne mit einer Horde betrunkener Affen verglichen. Oder mit einem einzelnen Affen, der von Baum zu Baum springt und auf alles abfährt, was glitzert und blinkt. Diese Affen zu zähmen, ist ein wesentliches Ziel der spirituellen buddhistischen Praxis. Für innere Kritiker und Widersacher wird im Buddhismus häufig das Bild der Dämonen verwendet.

Mir gefällt auch das Bild eines Löwen, den es zu zähmen gilt. Im Tarot gibt es die Karte »Die Kraft«. Das entsprechende Bild im mystischen Tarot[10] von Catrin Welz-Stein zeigt ein junges Mädchen, das einen mächtigen Löwenkopf streichelt, der sich in ihrem Schoß ausruht. Obwohl das junge Mädchen viel kleiner ist und körperlich viel weniger Kraft besitzt, hat sie ein tiefes Urvertrauen, dass der Löwe ihr nichts antut. Genauso ist ein Dompteur. Er vertraut. Und durch sein Vertrauen beherrscht er die Tiere so, dass sie ihm aus der Hand fressen.

Wir sind aufgefordert, die Kraft in uns anzunehmen und unseren inneren Feinden aus dieser Kraft heraus zu begegnen. Es ist eine Kraft, die uns deutlich macht, dass wir niemanden auf den Sockel stellen müssen und wir selbst auch nicht auf einen Sockel gestellt werden müssen. Wir selbst sind stark. Wir sind Löwe und Dompteur zugleich. Wir erkennen, dass wir alle Aspekte in uns tragen und je nach Situation die Qualität nutzen, die wir gerade brauchen, um unseren inneren Gegnern zu verdeutlichen, dass wir das Sagen haben.

Wenn wir die Kraft des inneren Dompteurs in uns aktivieren, betrachten wir das Leben nicht mehr länger als eine Reihe von Problemen, die uns widerfahren. Wir sind auch nicht mehr länger Opfer in einer Situation. Wir betrachten das Leben vielmehr als eine große Chance, um mit Konflikten, Aufgaben und Herausforderungen spielerisch umzugehen. Wenn wir uns nicht mehr länger von unseren inneren Anteilen kleinmachen lassen, dann können wir erkennen, dass das, was uns passiert, großes Wachstumspotenzial für uns bereithält.

Neben Vertrauen spielt auch Mut eine wichtige Rolle im Umgang mit den inneren Kritikern. Mut und Angst werden nicht zusammen alt. Denn wer Mut hat, wird seine Ängste überwinden und sie hinter sich lassen.

Es braucht viel Mut, um sich der ganzen Bandbreite unserer Gefühle zu stellen. Es braucht auch Mut, den Schmerz auszuhalten, wenn sich herauskristallisiert, warum sich unsere inneren Kritiker bei uns eingenistet haben. Schauen wir unseren Kritikern jedoch mutig und mit offenem Herzen ins Gesicht, dann können wir uns von ihnen befreien. Dann können wir sie freisprechen und erlösen.

Übung: Mut entwickeln

Geh an Orte, die du fürchtest. Probiere Dinge aus, die du bislang gemieden hast. Mit solchen Aktionen wirst du die Angst vor der Angst verlieren.

Sollte dir deine Angst mit Gedanken das Leben schwer machen, dann stell dir vor, dass du diesen Dämon zähmst. Sage immer wieder »Stopp!!!«, sobald er anfängt, dir Angst machende Szenarien auszumalen. Frage dich immer wieder: »Was sehe ich jetzt?« Beschreibe es. Hole dich immer und immer wieder in den gegenwärtigen Moment zurück.

Der innere Zauberlehrling

Im Zen-Buddhismus heißt es: »Zen-Geist, Anfängergeist.« Damit ist gemeint, dass wir niemals aufhören werden zu lernen. Mit der Zeit verheddern wir uns nur nicht mehr so sehr in Selbstvorwürfen, sondern nehmen Fehler als Gelegenheiten wahr, aus denen wir lernen können. Mit jedem Jahrzehnt unseres Lebens verändern sich die Herausforderungen und Aufgaben. Dann braucht eine Übung mehr Zeit als eine andere. Bestimmt wollen auch Übungen ersetzt werden, weil der innere Kritiker mit einem Single anders spricht als mit einer jungen Mutter, einem zweifachen Vater, mit einem Abteilungsleiter oder mit einer Frau in den Wechseljahren oder einem Rentner.

Bleiben wir im Innersten wach und wahren uns den Geist des Zauberlehrlings, dann weitet sich unser Blick mit jeder absolvierten Übung. Unser Herz wird weicher. Nicht nur für uns als Erwachsene, sondern auch für all die inneren und äußeren Kontrahenten. Als Zauberlehrling werden wir auch früher oder später mit offenem, mitfühlendem Herzen auf all die Menschen schauen können, die dafür gesorgt haben, dass die inneren Kritiker überhaupt bei uns eingezogen sind.

Als Zauberlehrling hören wir auch nie auf, unsere eigenen Gedanken zu überprüfen. Die folgenden Übungen unterstützen dich darin. Besonders eine regelmäßige Meditation über Gedanken unterstützt dich darin zu erkennen, dass Gedanken nur Gedanken sind und nicht die Realität.

Es gibt noch viele andere Teilpersönlichkeiten, die dich unterstützen können. Sei neugierig. Sei offen. Sei kreativ. Lass dich inspirieren von Menschen, die dein Herz berühren. Stelle dir ein inneres Team an Helfern zusammen, die dich darin unterstützen, inneren Frieden zu finden.

TEIL 5: DIE WEITE IM HERZEN ERFAHREN

Komm! Komm!
Worauf wartest du noch?
Komm nach Hause.
Komm! Komm!
Da ist ein Ort in deinem Herzen,
der nur darauf wartet,
dass du endlich nach Hause kommst.
Komm! Komm!

Wenn wir uns auf die Achtsamkeit und das Selbstmitgefühl einlassen, kann es uns passieren, dass in einigen Momenten alles in den Hintergrund tritt: Das Ich, der innere Kritiker, aber auch die innere Heilerin. Dann können wir mit etwas in uns in Verbindung kommen, dass ich im Buch den inneren Zeugen oder unseren Wesenskern genannt habe. An manchen Stellen habe ich auch von der Stille gesprochen. Dieses Etwas mit Worten zu beschreiben, ist immer etwas problematisch, weil wir ihn nicht mit dem Verstand erreichen können. »Es« befindet sich jenseits der inneren Kritiker, jenseits des Regiestuhls, tief in unserem Herzen. Dort, wo es kein Ich und kein Du mehr gibt, dort wohnt dieser innere Zeuge, unser Wesenskern.

Dieses Etwas ist kaum in Worte zu fassen, trotzdem versuchen Menschen, ihn immer wieder mit Namen zu versehen: der innere Zeuge, unser Wesenskern, die innere Quelle, die Buddha-Natur, das reine Gewahrsein, das Grenzenlose, das Sein, das Göttliche oder das Tao. Das alles sind nur Namen, um die tiefste unsterbliche innere Wahrheit und größte innere Kraft zu beschreiben, die jedem Menschen innewohnt. Es sind Worte, die uns eigentlich nicht weiterhelfen, das Namenlose zu beschreiben. Und trotzdem vermitteln sie uns eine Idee davon, dass es etwas in uns gibt, was größer ist als unser Ich, als unsere inneren Kritiker. Dieses Etwas ist jenseits aller Begriffe und jenseits aller Zuschreibungen. Meine persönliche Erfahrung ist, dass unser innerer Zeuge die Quelle allen Lebens ist. Diese Quelle ist unsterblich. Sie war schon da, bevor wir und unsere inneren Kritiker da waren. Und sie wird auch da sein, wenn wir nicht mehr da sind. Diese Quelle verleiht allem ihre Kraft, und trotzdem ist sie gestaltlos. Sie ist und bleibt ein Mysterium.

Wie wir es auch nennen, dieses Etwas in uns wird bereits in frühen Jahren überlagert von Ideen, Vorstellungen und Meinungen der Eltern oder anderer Erziehungsberechtigter.

Wir werden zu einer schlechten Kopie gesellschaftlicher oder elterlicher Vorgaben und dabei wird dieses Etwas mit Ideen, Konzepten und Vorgaben zugeschüttet. Unsere inneren Kritiker verdecken die Sicht auf diese Kraft genauso wie alle anderen Anteile. Manchmal hören wir sie. Eher zufällig. Dann ist sie wieder stumm. Aber irgendwann kann es sein, dass sich eine innere Stimme meldet, um uns zurück zu dieser Quelle zu führen. Manchmal hören wir sie in der Natur, wenn die Sonne durch die Bäume blinzelt und uns berührt, oder wenn eine Welle am Strand auf den Sand trifft. Oder beim Liebe-Machen, versunken in der Natur, beim Musik-Machen. Dieser Weckruf erreicht unser Herz auf einzigartige Weise und ruft Erinnerungen in uns wach. Erinnerungen, die uns verdeutlichen, dass wir mehr sind als eine Projektionsfläche unserer Eltern oder der Gesellschaft. Mehr sind als unsere Teilpersönlichkeiten, mehr sind als unser meinendes Selbst. Einen Moment lang erfahren wir ein Gefühl der Einheit, Vollkommenheit und Liebe – und gleichzeitig erfahren wir einen seltsamen Schmerz oder eine tiefe Sehnsucht, die sich in uns breitmacht. Ein solcher Moment kann dazu führen, dass wir uns auf den Weg machen, um dieses Etwas zu finden. Ja, es kann der Anfang einer Entdeckungsreise und eines Wiederfindens werden. Wir treten die Reise zurück nach Hause an, zu uns selbst. Diese Quelle zu suchen, wird uns nicht ans Ziel führen. Wir können uns nur finden lassen von ihr. Sie ist uns näher als die Halsschlagader. Und trotzdem ist sie so vielen Menschen fern. Die inneren Kritiker haben sich zwischen die Quelle und uns gestellt. Doch wenn sie endlich den Weg frei machen, können wir uns aufmachen, den Weg zu unserem wahren Zuhause anzutreten.

Wenn wir in einem zeitlosen Augenblick mit diesem Etwas, diesem inneren Zeugen, dieser inneren Quelle oder der inneren Stille in Kontakt kommen, dann erkennen wir, dass diese Kraft, diese Stille immer da ist. In ihr hat alles Platz: die inneren Kritiker, ihr Getöse, die inneren Unterstützer, das Ich, der Regiestuhl, die Unruhe, die Nöte, die Freude. Alles. Alle Gedanken, Gefühle und Körperempfindungen tauchen in dieser unendlichen Weite des eigenen Herzens auf. Wir finden Frieden im eigenen Herzen. Wir werden still. Wir werden zur Stille. Wir erkennen, dass es keine Trennung mehr gibt. Es gibt nur eine Verbindung zwischen allem.

Und dann werden wir wieder herausfallen aus der Zeitlosigkeit des eigenen Herzens, zurückfallen in die Identifikation mit den Anteilen, den inneren Kritikern. Wir werden uns wieder grämen und schämen, schuldig fühlen und Schuld zuschreiben. Aber das alles wird nicht mehr so lange dauern, weil wir erfahren haben, dass wir mehr sind als die Persönlichkeitsanteile in uns. Denn wenn wir einmal erkannt haben, dass wir beides sind: die Quelle, die offene Weite im eigenen Herzen, die still, weit und offen ist, und die tobenden Saboteure, die meinen, verurteilen, denken und anklagen, dann werden wir uns mit all dem, was wir sind, nicht mehr so ernst nehmen. Dann erkennen wir die Vergänglichkeit in allem. Im Augenblick. Im Leben.

Wir werden das Leben mehr und mehr geschehen lassen. Und wir werden mehr und mehr in der offenen Weite unseres eigenen Herzens ruhen. Still und ruhig. Um uns dann wieder in unseren Teilpersönlichkeiten zu verlieren. Was für ein Paradox, dieses Leben.

DANK

Ich danke all den Menschen, die mich darin unterstützt haben, mir den Zugang zu meinen inneren Kritikern zu ermöglichen und einen heilsamen Umgang mit ihnen zu entwickeln.

Mein besonderer Dank gilt Mirjam Baumann-Wiedling, Shirley Seul und Elena Grunwald, die mir bei der Umsetzung dieses Projekts geholfen haben.

ÜBER DIE AUTORIN

»Alles, was ist, darf sein – auch der innere Kritiker, die Angst und all das, was wir an uns nicht mögen!«

Das ist für mich einer der wichtigsten Leitsätze der Achtsamkeitspraxis, der Meditation und überhaupt des spirituellen Wegs. Denn wenn wir all dem, was ist, offen, neugierig und wohlwollend begegnen, kann sich das, was ist, auch ändern. Ohne Dogma und Imperativ versuche ich meinen Kursteilnehmer*innen und Leser*innen die Achtsamkeit und insbesondere die Meditation näherzubringen. Wunderschöne Erfahrungen entstehen dabei. Oftmals die Erfahrung der Stille und des Wissens, dass wir so, wie wir sind, vollkommen sind und es gleichzeitig immer noch etwas zu tun gibt.

Doris Iding ist Meditations- und Achtsamkeitslehrerin, Autorin zahlreicher spiritueller Bücher und Redaktionsmitglied bei *Yoga aktuell*. Sie bildet Menschen aus und fort und leitet weltweit Seminare. Nähere Informationen: www.glueckundachtsamkeit.de

LITERATUR

Ash, Mel: *Das Zen der Gesundung. Spirituelle und therapeutische Techniken auf dem Weg von Abhängigkeit zur Freiheit.* Knaur Verlag, 1997

Bandelow, Borwin: *Das Angstbuch. Woher Ängste kommen und wie man sie bekämpfen kann.* Rowohlt Verlag, 7. Auflage 2009

Batchelor, Martine: *Innere Grenzen sprengen. Verhaltensmuster verändern und Gewohnheiten loslassen.* Knaur MensSana, 2009

Bays, Jan Chozen: *Achtsam durch den Tag. 53 federleichte Übungen zur Schulung der Achtsamkeit.* Windpferd Verlag, 2012

Brach, Tara: *Nach Hause kommen zu sich selbst. Im erwachten Herzen Zuflucht und Geborgenheit finden.* Koha Verlag, 2012

Campbell, Joseph, mit Moyers, Bill: *Die Macht der Mythen. Live dabei.* Nymphenburger Verlag, 2013

Chödrön, Pema: *Geh an die Orte, die du fürchtest.* Arbor Verlag, 2001

Coleman, Mark: *Schließe Frieden mit dir selbst. Wie wir uns mit Achtsamkeit und Mitgefühl vom inneren Kritiker befreien können.* Arbor Verlag, 2018

Dalai Lama: *Zuflucht zur Geduld. Worte für alle Tage.* Diederichs Verlag, 2009

Dewulf, David: *Das Arbeitsbuch der Achtsamkeit. Gelassen durch den Alltag surfen.* Arbor Verlag, 2010

Dunemann, Angela, Weiser, Regina und Pfahl, Joachim: *Traumasensibles Yoga – TSY: Posttraumatisches Wachstum und die Entwicklung von Selbstmitgefühl (Leben lernen).* Klett Cotta, 2017

Eastham, Claire: *Raus aus der Sozialen Angst. Wie du am Leben teilnimmst, statt dich zu verstecken.* Trias Verlag, 2021

Emerson, David und Hopper, Elizabeth: *Trauma-Yoga. Heilung durch sorgsame Körperarbeit.* G. P. Probst Verlag, 2012

Germer, Christopher: *Der achtsame Weg zum Selbstmitgefühl: Wie man sich von destruktiven Gedanken und Gefühlen befreit.* Arbor Verlag, 2015

Goldstein, Elisha und Stahl, Bob: *MBSR für jeden Tag. Die achtsamkeitsbasierte Stressbewältigung im Alltag.* Arbor Verlag, 2016

Härle, Dagmar: *Praxisbuch Traumasensitives Yoga. Über die heilende Wirkung von Yoga bei komplexen Traumata.* Junfermann Verlag, 2016

Hanson, Rick: *Just 1 thing. So entwickeln Sie das Gehirn eines Buddha.* Arbor Verlag, 2011

Hanson, Rick und Mendius, Richard: *Das Gehirn eines Buddha. Die angewandte Neurowissenschaft von Glück, Liebe und Weisheit.* Arbor Verlag, 3. Auflage 2011

Hanson, Rick und Mendius, Richard: *Meditationen, um das Gehirn zu verändern. Wie wir unsere Nervenbahnen neu verdrahten.* Windpferd Verlag, 2009

Han Shan: *Wer loslässt, hat zwei Hände frei.* Bastei Lübbe, 2011

Han Shan: *Achtsamkeit. Die höchste Form des Selbstmanagements.* Trinity, 2012

Hayward, Susan: *Das kleine Buch der Weisheiten.* Delphi Verlag, 1997

Iding, Doris: *Der kleine Achtsamkeitscoach.* Gräfe und Unzer Verlag, 2012

Iding, Doris: *Buddha fürs Büro: 52 Impulse für mehr Achtsamkeit am Arbeitsplatz.* Irisiana, 2015

Iding, Doris: *Ängste überwinden: Mein Übungsbuch für mehr Optimismus & Gelassenheit.* (GU Mind & Soul Übungsbuch) Gräfe und Unzer Verlag, 2016

Iding, Doris: *Achtsamkeit: Mein Übungsbuch für mehr Balance und Harmonie.* (GU Mind & Soul Übungsbuch) Gräfe und Unzer Verlag, 2015

Iding, Doris: *Gelassenheit ON THE GO: Kleine Entspannungen für unterwegs.* Windpferd Verlag, 2016

Iding, Doris: *Alles ist Yoga: Weisheitsgeschichten aus dem Yoga.* Schirner Verlag, 2015

Iding, Doris: *Die Angst, der Buddha und ich.* Windpferd Verlag, 2013

Kabat-Zinn, Jon: *Gesund durch Meditation. Das vollständige Grundlagenwerk zu MBSR.* O.W. Barth Verlag, 2013

Kabat-Zinn, Jon: *Zur Besinnung kommen. Die Weisheit der Sinne und der Sinn der Achtsamkeit in einer aus den Fugen geratenen Welt.* Arbor Verlag, 2008

Kornfield, Jack: *Nach der Erleuchtung Wäsche waschen und Kartoffeln schälen. Wie spirituelle Erfahrung das Leben verändert.* Kösel Verlag, 2010

Kornfield, Jack: *Frag den Buddha und geh den Weg des Herzens.* Kösel Verlag, 1995

Kornfield, Jack: *Das strahlende Herz der erwachten Liebe.* Arbor Verlag, 1991

Kornfield, Jack: *Das Tor des Erwachens. Wie Erleuchtung das tägliche Leben verändert.* Kösel Verlag, 2000

Kornfield, Jack: *Offen wie der Himmel, weit wie das Meer. Worte der Weisheit für Vergebung und Frieden.* Kösel Verlag, 2004

Kornfield, Jack: *Buddhas kleines Weisheitsbuch.* Knaur MensSana, 2001

Kornfield, Jack: *Geschichten des Herzens.* Arbor Verlag, 1991

Kornfield, Jack: *Das weise Herz.* Goldmann Arkana, 2008

Mannschatz, Marie: *Mit Buddha zu innerer Balance. Wie Sie aus der Achterbahn der Gefühle aussteigen.* Gräfe und Unzer, 2011

Muthig, Michaela: *Und morgen fliege ich auf. Vom Gefühl, den Erfolg nicht verdient zu haben.* dtv Verlag, 2021

Muthig, Michaela: *Der kleine Saboteur in uns. Unbewusste Widerstände erkennen und auflösen.* dtv Verlag, 2019

Neff, Kristin: *Selbstmitgefühl – Schritt für Schritt.* Arbor Verlag, 2014

Reddemann, Luise, Dehner-Rau, Cornelia: *Trauma heilen. Ein Übungsbuch für Körper und Seele.* Trias Verlag, 2018

Schneider, Maren: *Ein Kurs im Selbstmitgefühl. Achtsam und liebevoll mit sich selbst umgehen. Das 8-Wochen-Programm.* O. W. Barth Verlag, 2016

Schneider, Maren: *Stressfrei durch Meditation. Das MBSR-Kursbuch nach der Methode von Jon Kabat-Zinn.* O.W. Barth Verlag, 2012

Siegel, Daniel: *Gewahr sein. Was es heißt, präsent zu sein. Die Grundlagen einer wissenschaftlich fundierten Meditationspraxis.* Arbor Verlag, 2020

Stahl, Stefanie: *Das Kind in dir muss Heimat finden. In drei Schritten zum starken Ich. Das Arbeitsbuch.* Kailash, 2017

Thich Nhat Hanh: *Kein Werden, kein Vergehen. Buddhistische Weisheit für ein Leben ohne Angst.* Knaur Mens-Sana, 2008

Thich Nhat Hanh: *Das Herz von Buddhas Lehre. Leiden verwandeln – die Praxis des glücklichen Lebens.* Herder/spektrum, 1998

Thich Nhat Hanh: *Versöhnung mit dem inneren Kind.* O.W. Barth, 2011

Thich Nhat Hanh: *Einfach lieben.* O.W. Barth Verlag, 2016

Thich Nhat Hanh: *Einfach sitzen.* O.W. Barth Verlag, 2016

Tolle, Eckhart: *Jetzt! Die Kraft der Gegenwart.* J. Kamphausen, 2010 van der Kolk, Bessel: *Verkörperter Schrecken. Traumaspuren im Gehirn, Geist und Körper und wie man sie heilen kann.* G. P. Probst Verlag, 2015

Welz-Stein, Catrin: *Mystisches Tarot.* 83 Karten mit Anleitung. Königsfurth-Urania Verlag, 2021

ANMERKUNGEN

1 Vgl. Rick Hanson: *Just 1 thing*, S. 10.

2 Vgl. *Der Spiegel*, 14.09.2020

3 Vgl. Rick Hanson: *Just 1 thing*, S. 10.

4 Zit. aus Rick Hanson: *Just 1 thing*, S. 10.

5 Vgl. Tim Desmond: *Die Kunst des Selbstmitgefühls*, S. 28.

6 Vgl. Rick Hanson: *Just 1 thing*, S. 13.

7 Vgl. Rick Hanson: *Just 1 thing*, S. 13.

8 Inspiriert ist dieser Text von Thich Nhat Hanh: *Versöhnung mit dem inneren Kind.*

9 Zit. nach Jack Kornfield: *Offen wie der Himmel, weit wie das Meer*, S. 29.

10 Vgl. Catrin Welz-Stein: *Mystisches Tarot*, 83 Tarotkarten mit Anleitung.